アレクサンドル・パラン=デュシャトレ

Alexandre Parent-Duchâtelet

LA PROSTITUTION À PARIS AU XIXe SIÈCLE

Texte présenté et annoté par Alain Corbin

アレクサンドル・パラン=デュシャトレ著／アラン・コルバン編
小杉隆芳訳

十九世紀パリの売春

法政大学出版局

Texte présenté et annoté par Alain Corbin

Alexandre Parent-Duchâtelet : LA PROSTITUTION
À PARIS AU XIXe SIÈCLE

出版社〔スイユ社〕の緒言

『十九世紀パリの売春』は、一八三六年に発表されたアレクサンドル・パラン゠デュシャトレ『公衆衛生、道徳、行政の面から見たパリ市の売春について』のダイジェスト版である。

本書のすべての注と、取り上げられた本文の選択と各章の新たな番号付けは、アラン・コルバンに負うものである。パランの原著で、いわゆる社会調査にかかわるものを特別視したいという意志が、その選択を決定したのである。

凡例

一、本書は、アラン・コルバンによって注および解題の付されたアレクサンドル・パラン゠デュシャトレ『十九世紀パリの売春』Alexandre Parent-Duchâtelet, La Prostitution à Paris au XIXᵉ siècle, Texte présenté et annoté par Alain Corbin の全訳である。本書はスイユ社のUH叢書の一冊として一九八一年に出版された。

一、解題中に出てくる書名『パリ市の売春について』De la prostitution dans la ville de Paris は、編者アラン・コルバンが原著一八三六年版に忠実に従ったものであり、本書の書名『十九世紀パリの売春』La Prostitution à Paris au XIXᵉ siècle は、編者がこれを分りやすく修正したものである。

一、本文中に多用されている［……］は、編者が割愛した箇所を示す。

一、本文および解題の編者注は（1）、（2）……で示し、それぞれ本文・解題末に置いた。

一、訳注は〔 〕でくくって簡単な説明を施した。

一、本文、解題、注に多用されている次の三つの言葉、売春婦、娼婦、公娼は、おおむね原文の la prostituée, la fille publique, la fille soumise の訳語である。

目次

公衆衛生、道徳、行政の面から見たパリ市の売春について

公衆衛生、道徳、行政の面から見たパリ市の売春について

序文

［……］売春婦に関するすべての事柄について世に広く流布する一般的見解が、私にここでどうしても二、三異を唱えておかなくてはという気持ちにさせたのである。

大多数の人間の心の中には、なんらかの形で売春婦の問題に取り組んでいるすべての人たちの仕事に対し、ある種特別な嫌悪の情があることに私は気づいていた。なかでもその幾たりかは――最も高い見識を備えていると思える人でさえも――、胸のむかつく（彼らの表現を使えば）ような研究に従事する私の姿に接して眉をひそめ、ただそのことだけで、私に哀れみに満ちた批判や意見をたっぷりと投げかけてきたものだった。だが、じっくり考えてみると、私はこうした過度の心遣いをもっともだと納得したり、与えてくれたさまざまな批判に素直に従ったりすることはできなかったのである。私が誰の眉もひそめさせることなく、下水渠の中に潜り込み、腐敗物を扱い、ごみ捨て場でしばらく過したりしたこと、いわば人間の集合体が内に持つ低劣で胸のむかつくようなすべてのものに取り囲まれた中で生活できたのだとしたら、これとは全く別種の下水渠（正直に言えば、他の何物にも増して汚い下水渠）を、それが呈するありとあらゆる様相下で研究、考察することにより、いささかでも善事が成せるのではないかと固く期待し、これに取り組んだとして、一体どうしてそれを恥ずかしく思ったりする必要があろうか。売春婦の研究に従事するに際し、こうした不幸な女性たちと接触することが、必然的に自身の汚点となるとでもいうのだろうか。氏素姓からみても、社会的地位からみても、最も高貴な階級に属する敬愛すべき御婦人方が、しばしば監獄や医務室に収容中の売春婦たちを訪れて、彼女らにきちんとした教育や躾を授けてやったからといって、身を汚す行為だなどと思ってはいないとすれば、一介の無名の私人たる私が、これら御婦人方の行ないを真似て、彼女らと同じ目的に辿り着こう――とはいえ、彼女らとはいささか異なる道をとってであるが――と努力したからといって、一体何を恐れる必要があるだろうか。

　自然界の常に変らぬ法則の一つは、生物は自身を生んだものに似るということ、肉体や精神の美質と同時に、悪習も代々受け継がれていくということである。そこから、将来の世代を考慮に入れて現在の世代を見守り、肉体を鍛練して病気や虚弱体質を追放し、こうして、この目的に到達するために、可能なあらゆる手段を使い、国民の精神的、肉体的完成へと導いていかなくてはならないという、あらゆる時代の立法者から国家の指導者に与えられた教訓が生じているのである。

　さて私は今、多かれ少なかれ知性を備えている人すべてに向かい、売春婦を研究し、観察することが、現在及び将来の世代のために有益なのか否か、さらに、こうした研究に一身を捧げ、嫌悪感など物ともせず、持てる時間、資産、労苦などすべてをこれに投入する人間が、今日まで無知から生まれた偏見が持ち続けてきたあの侮蔑を受けてよいものかどうか、問うてみたいと思う。物事を真実の姿でとらえていると信じており、仕事に下される評価は、それが成し遂げた貢献度や、それが示す困難度とは必ずしも常に見合うものでないことを承知している私に関して言えば、意図をしっかり見抜いて、正しく評価できる良識家の判断に委ね、そして他の人びとの偏見を尊重しつつも、ただ彼らの頑迷さを残念に思うだけである。

この仕事を企てることの有用性――必要性と言ってもいいかもしれない――は、私にとっては自明のことであったから、当然私は何の躊躇もなくこれに取り組んだが、これこそ私の採った姿勢である。真面目な問題と取り組み、謹厳実直な人びとにもいろいろと尋ねてみたりした私は、当然はっきりとものを言い、目的に向かってまっすぐに進んでいった。自由人であり、かつ特別な地位にも就いていない私は、賛辞も非難も公平に述べるつもりである。宗教心の厚い私は、私のペンが描き出すものを恥ずかしく思ったりはしないだろう。偏見など持たぬ私は、学問、社会の利益、私に数多くの研究、思考材料を与えてくれた不幸な階級の利害関心などが私に求めているものはすべて述べることができるだろう。

［……］したがって、義務感からであれ献身からであれ、社会秩序の中に認めた悪習を是正し、困難な問題にいくらかでも解明の灯りを点ずることを自身の運命と感じている人は、何よりもまず、自分の力量と相談し、それが取り組もうとしている仕事の困難度と見合っているかどうかを見極めなくてはならない。また自身の性格をじっくりと調べ、それがどこに行こうと必ず遭遇し、避けて通れぬさまざまな障害に立ち向かうことができるかどうかを知らなくてはならない。こうした仕事では、根気と粘りが才能に取って代わること、これらの美質の助けがあれば、どんな凡庸な人でも、国家に対し、小才をきかす人びとの雄弁や華々しい長広舌からは期待しても無駄な貢献を成し遂げられるのだということを知っておかなくてはならない。華々しい才知を持つ人は、存命中、人びとを魅了し、数々の栄誉に恵まれたりするのに、根気と粘りの人は世に埋もれてしまっているかもしれない。がしかし、彼らは善事を行

なっているのであり、またそのことをしっかりと自覚しているのである。こうして、しばしば死後その名声が高い評価を受けることにもなるのである。

こうした重要な教訓は、つい最近なし終えた売春婦と売春に関する調査研究に従事していた八年間というもの[1]、常に私の脳裏にあった。この教訓を想い起して勇気を奮い起されたことは一度や二度ではなく、また、ある問題では、失敗しても根気よく二〇回もやり直すことを恐れていたら、きっと私の手からすり抜けていったに違いないたくさんの事実を知ることができたというのも、この教訓のおかげである。

私はこの仕事を、まず最初に、私の研究テーマについて基礎的知識を与えてくれそうな書物をすべて綿密に調べてみることから始めた。私は風紀取締り上の諸辞典や、いくつかの特殊な研究論文——当然、真っ先に、レチフ・ド・ラ・ブルトンヌの『ポルノグラフ』がくるが[2]——から重要な資料が得られるだろうと思った。だが、正直に言えば、利用できた二、三の歴史的概念を別とすれば、こうしたものからは誤謬や誤った観念しか見出せなかった。それらの書物は、幾たりかの著者では極端な反道徳性を、他の幾たりかにあっては徳性を、そしてすべての著者の全くの無知ぶりをはっきりと示している。しかしながら、こうした書物の調査探索が私にとって無益なものだったなどと思ってほしくない。それらは私に私の果す仕事の重要性を教えてくれ、さらに研究の有益な手がかりを与えてくれたからであり、そうした意味では、先達に負うところ大であると言える。

次に私は、パリ警視庁記録文書保管所に保管されている資料に目を向けた。しかし、ここではさらに大きな困難が立ちはだかってきた。というのも、資料の保管されている書類ケースは、これまで何人《なんぴと》にも一度も公開されたことはなかったからである。資料を見も知らぬ人間に委ねて何の支障もないだろうか。その人間の不用意なおしゃべりから、秘密が漏れる恐れはないだろうか。そんなことをしたら、個人や敬愛すべき家族までも危険にさらすことになりはしないだろうか。主としてこれらの理由が、私という人間が十分にわかっていたものの、私のこうした行動理由を理解できなかった役所の上級幹部の決断をしばらくの間拒んでいたのだった。私は執拗に頼み込み、曖昧な逃げ口上にもけっして落胆したりはしなかった。最後にドラヴォ氏[3]に頼んだ結果、ようやく彼が私の要求すべてに許可を下してくれた。私の思う通りに利用させてくれることになった宝の山を掘り尽してしまうには、数カ月あれば十分だった。作業が遅れないようにと、私は必死で取り組んだ。というのも、この作業が終り次第、動かした記録文書は全部断裁し、パルプにしてしまうようにという命令がきていたからである[4]。この処置が必要だったことは認めなくてはならないが、予備調査で、残しておこうとすれば残せたような貴重な資料も、そのために破壊されてしまった。

警視庁内には、風紀取締局の名で知られている重要な部局がある。そこには、非常に重要な記録簿や文書類が置かれており、また職務に精通した有能な経験を積んだ職員がいて、それぞれの職権内で、国民のために称賛すべき数々の仕事——ともすれば、その仕事は無視されがちで、さらに、それには本当にしみったれた報酬しか与えられていないが、それだけになおさら価値ある仕事——を行なっている。私はこれらの人びとに、彼らにふさわしい本来の仕事を与えてやりたいと思っている。そして、彼らの果している善事を皆に知ってもらうことにより、彼らに対して抱きかねない数々の不当な偏見から抜け出てくれるだろうと信じたい。

私はこの貴重な原資料にくまなく当って調べた。したがって、この本ができたのも、この風紀取締局の中だと言っていいかもしれない。また、ドベレイム氏とマンガン氏[5]の厚意には、感謝の気持ちで一杯である。とりわけマンガン氏は、私の仕事に非常に興味を示し、幾度か仕事部屋に私を呼び入れて発奮させてくれたり、優しい言葉を投げかけて励ましてくれたものだった。なおまた、七月革命以来、ジロ(ド・ラン)、ボード、ヴィヴィアン、ジスケらの方々には大変お世話になった[6]。

私は上にあげた風紀取締局の中で、置かれている文書類や、そこに保管された記録簿だけでなく、娼家の軒先に立つあのおぞましい女性たちや、当局が監視下に置く娼婦たちの個人的な身上書類の抜き書きを仕上げてしまうのに、数年間を要した。

これらの資料は、確かに非常に貴重なものであるが、価値と重要度から考えると、しょっちゅう私が顔を出し、浴びせる数多くの質問にもいやな顔一つせず、忘れることのできないような熱心な態度で、常に私の望みをかなえてくれた医師や役人たちから得た資料にはとうてい比肩できないだろう。ここではっきりと言っておくが、彼らが私に与えてくれた新しい資料に対し、私は常に一種の点検作業を行なったこと、同じ問題についてもつねに他の幾たりかに問い合わせてみたことを、彼らはきっと悪意にとったりはしないだろう。一種真の信仰ともいうべき正確さへの志向から、私はこうした方法を採らざるをえなかったからである。というのも、資料がこれを集めてきた人の手できちんと整理され、番号をうたれていなかったり、なかでも特に、資料がほんのわずかであったりした場合、間違える機会が非常に多くなるため、そうした資料を一つ一つ検証せずには済ませられないからである。一見取るに足りないような点について、なぜ私が幾度も繰り返し点検に付したのか、以上のことから説明がつくであろう。

本書を読めば、売春婦たちが人生のある時期を、監獄や施療院《オピタル》で過していることに気づくだろう。したがって、私はこの二つの施設での彼女らの行動を追い、再度入念に考察しなくては、と考えた。昼夜の別なく、さまざまな時間に何度となく訪れた監獄の中で、その所長《シェフ》や監獄付き司祭、医務室付き医師、看守（男・女）などから、さらにはまた、その聡明さはすでに承知しており、私の指導の下で、(7)数多くの大切な検証作業の手助けをしてくれたその他多くの人びとから、私は全く新しいかつ興味深い資料を集めることができた。

　施療院でも、監獄で行なったのと同じ作業をした。私はそこで働く医師や外科医のもとに何度となく足を運び、その何人かの家には、本当に迷惑になるくらいまで繰り返し訪れたりし、また看守や看護婦の観察記録、特に聡明な学生たちの集めた資料を大いに活用した。

　冒頭で、勇気とヒロイズムを併せ持った崇高な徳性に促され、監獄の恐怖に敢然と立ち向かい、留置人の中でも最も卑しくかつ胸のむかつくような階級の人びとに慰藉を分ち与えている敬愛すべき御婦人方の存在について触れた。私はこの御婦人方と話し合いを持ち、彼女たちの関心を寄せているあの不幸な女性たちについて、彼女たちがとることのできた特別な観察記録を教えてくれるようにと頼んだ。私の依頼がどのように受け止められたかなど、容易に推察できるだろう。口頭で、あるいは文書の形で、本当に貴重な情報が私に与えられたのである。私にとって、これらの情報は測り知れぬほど貴重なものだった。というのも、それらは豊かな教養を備え、社会の慣習をよく心得、とりわけ調査対象の人間や、眼下に通り過ぎる人間の性癖や考え方など一目で摑んでしまうことのできるあの慧眼を備えた人たちによってのみ初めて集めることのできたものであったから。

この調査研究を通じて私は、置かれている現在の社会的地位や、かつて就いていた職業から、数々の有益な情報を私にもたらしてくれるに違いない多くの人びとの存在を知ることができた。私はそうした人びとには必ず直接会って、彼らの持っている知識を大いに利用した。この人たちは特に、私が何カ所か誤りがあるのではと疑念を抱いていた何本かの論文《ラポール》から得た情報の検証、確認作業に大いに役立ってくれた。

売春の巣窟そのもの、巨大な人口密集地であればどこであろうと数多く存在する巣窟、まさにそのこと自体から、単に公共の安寧と衛生のみならず、これよりもっと重要なことがら、つまり一国民全体の良俗にも関係するこうした無数の巣窟で、いとも簡単に手に入れられる知識を無視してよいものだろうか。私はこうした巣窟を無視したりはせず、すべてを念入りに調査、研究したが、私にこうした決心を促した理由は、以下の通りである。

公益への愛と同じくらい気高い動機に導かれて研究に身を投じようとすれば、すでにこの章の冒頭でも述べたように、直接にせよ間接にせよ、こうした問題に関係するものはどれ一つとして無視してはならない。これを怠れば、必ず重大な誤りに身を委ねることになり、こうして、役に立とうと努力しても、かえって危険な結果になるだろう。多くの場合、社会制度の持つ悪習や重大な欠陥を予知する手段を発見できるのは、表面的にはおぞましくどうでもいいようにみえるもの、したがって最も軽視されているような事物の観察の中からである。以下、私的なことがらだけになおのこと挙げてみたい実例がある。かつてパリの下水道の研究に従事していた時、もっぱら地面の上からだけでこれを研究すれば済むのだとしている限りでは、それは万事申し分ないようにみえた。ところが、一度膝まで泥につかり、その内

郵便はがき

料金受取人払

本郷局承認

3108

差出有効期間
2021年1月
31日まで

113-8790

251

（受取人）

東京都文京区
本郷7-2-8

吉川弘文館 営業部内

〈書物復権〉の会 事務局 行

ご住所 〒 TEL	
お名前（ふりがな）	年齢 代
Eメールアドレス	
ご職業	お買上書店名

※このハガキは、アンケートの収集、関連書籍のご案内のご本人確認・配送先確認を目的としたものです。ご記入いただいた個人情報は上記目的以外での使用はいたしません。以上、ご了解の上、ご記入願います。

11出版社　共同復刊
＜書物復権＞

岩波書店／紀伊國屋書店／勁草書房／青土社／創元社

東京大学出版会／白水社／法政大学出版局／みすず書房／未來社／吉川弘文館

この度は＜書物復権＞復刊書目をご愛読いただき、まことにありがとうございます。

本書は読者のみなさまからご要望の多かった復刊書です。ぜひアンケートにご協力ください。

アンケートに応えていただいた中から抽選で10名様に2000円分の図書カードを贈呈いたします。

（2020年1月31日到着分まで有効）当選の発表は発送をもってかえさせていただきます。

●お買い上げいただいた書籍タイトル

●この本をお買い上げいただいたきっかけは何ですか？
1．書店でみかけて　2．以前から探していた　3．書物復権はいつもチェックしている
4．ウェブサイトをみて（サイト名：　　　　　　　　　　　　　　　　）
5．その他（　　　　　　　　　　　　　　　　　　　　　　　　　　　）

●よろしければご関心のジャンルをお知らせください。
1．哲学・思想　2．宗教　3．心理　4．社会科学　5．教育　6．歴史　7．文学
8．芸術　9．ノンフィクション　10．自然科学　11．医学　12．その他（　　　　）

●おもにどこで書籍の情報を収集されていますか？
1．書店店頭　2．ネット書店　3．新聞広告・書評　4．出版社のウェブサイト
5．出版社や個人のSNS（具体的には：　　　　　　　　　　　　　　　　）
6．その他（　　　　　　　　　　　　　　）

●今後、＜書物復権の会＞から新刊・復刊のご案内、イベント情報などのお知らせをお送りしてもよろしいでしょうか？
1．はい　　　　　　　　2．いいえ

●はい、とお答えいただいた方にお聞きいたします。どんな情報がお役に立ちますか？
1．復刊書の情報　2．参加型イベント案内　3．著者サイン会　4．各社図書目録
5．その他（　　　　　　　　　　　　　　　　　　　　　　　　　　　）

●＜書物復権の会＞に対して、ご意見、ご要望がございましたらご自由にお書き下さい。

部を見た後では、当時まで採られていたシステムがどれほど欠陥を持っているかを見抜くことなど、いとも簡単だった。こうして、私は近い将来首都パリの陥るだろう重大な危険を予知し、その速やかな改善を図る手立てが指摘できたのである。私の論文が出たのは、今から一〇年以上も前である。その時から行なわれてきた数々の巨大な地下工事について意見を求められたことは一度もなかったが、技師たちはシステムを変えてしまった。おそらく彼らは私の観察の正しさを認めたのだろう。というのも、下水渠に示された新たな方向性や、いくつかの施工法の細部を見ると、彼らは私が著書で指摘した点を忠実になぞっていたからである。こうした結果に私は十分満足している。もし私が嫌悪感や、この種の研究に必ずついてくる危険への恐怖心にばかりとらわれていたとしたら、はたしてこうした結果が手に入っただろうか。

　おぞましい売春の巣窟に話を戻すと、これを研究するについては、その中にいたら命を落しかねない、泥と汚水に満ちた下水渠を目にした際に、私を駆り立てた勇気などはるかに上廻る勇気を示すことが必要だった。この新たな調査探索の過程で、勇気をふるい起し、行手に必ず生じるさまざまな困難に負けぬようにと、自身に誓った固い決意を想い起したことも、一度や二度ではなかった。もし見離されて一人ぼっちにさせられていたら、こうした難事の性質からみて、とてもそれを乗り越えることなどできなかっただろう。だが、医師や風紀取締局のいろいろな部局長たちの助力のおかげで、昼夜の別なく、どんな時間でも、本書で問題にした娼家を訪れ、そこで貴重な観察を十分に行なうことができたのだった。日中には、医者たちが一緒についてきてくれ、夜ともなれば、風紀取締局に配属されている警部が案内役を務めてくれた。さらには、常に視察官《アンスペクトール》同行の上で、[8]そこに戻り、必要と思われる検査確認作業を行なうことができた。

このように説明してもまだ、私の仕事の完成にどうしても必要ないろいろな場所に出向いたり、目的のために奔走したりという作業がどれほど多かったかなど、なかなか理解してはもらえないだろう。こうした奔走を数え上げたりしたら、本当に限りがないくらいである。資料収集、とりわけ実地の検証に要した作業と比較したら、書斎での作業など無に等しいと言える。数カ月もの時間を注いだのに、結果的には捨ててしまわざるをえなかった、一見したところ非常に興味ある資料の不正確さが証明されたことも一度や二度ではなかっただけに、なおのことこのような検証作業が必要だった。私の忍耐力が試された厳しい試練の一つも、まさにそこにある。

ありとあらゆる資料を集め、そしてこれらを編集するに際して、私は論じようとした問題すべてにわたり、数量値を備えた結果を得ようと最大限の努力を払った。というのも、正しい判断力を持つ人であれば、非常に、しばしば、時々、非常にしばしば……とかの表現——今日まで、官庁では、重大な決定を下したり、多大な影響力を及ぼす決定を下さなくてはならない状況に置かれた時でさえ、こうした表現で事足れりとしていたのだ——で、はたして満足できるだろうか。本書のような問題を論じる場合、非常にという言葉は実際にはどんな意味を持つのだろうか。それは一〇か、二〇か、一〇〇か、一体どれに該当するものなのか。というのも、解釈しようにも、その語にはこれほど大きな幅があるからである。

この種の断定はすべて、相互の比較を可能にしてくれる数値を備えていなければ、何の価値も持ちえないものである。こうした方法の助けを借りて、はじめて人は科学を進歩させ、かつ役所に対し、自信をもって事を進めることのできる、十分に改良の手の加えられた手段を提示することができるのである。少し前から医学の世界で使われているこの方法――私はそれを統計学《スタティスティック》と名付けたい――は、いくつかの点で、遠からずどの分野でもあまねく採り入れられる日が来るに違いないと予言できるほどの信頼度を医学に与えてくれたのだった。今日この方法に反対する人がいるとすれば、それはこの方法が非常に苦しい作業を要するからであり、また医者の世界でさえ、勤勉な研究者というものは、才気煥発な人間などよりはるかに数少ない存在であるからだ。

このような数量値的方法を使えないケースも数多くある。それは主として、きわめて数が少なく、書かれた文書として残っておらず、数人の人間の口を通して集めたような情報について生じる。不幸にして、私の使わなくてはならなかった多くの資料が、ちょうどこれに該当する。では、こうした場合、どう対処すればいいのか。これらの資料はすべて破棄してしまわなくてはいけないのだろうか。けっしてそんなことはない。なぜなら、そうした資料でも、それなりの価値と重要性は備えているから。ただ、他の資料より証拠能力が稀薄というだけである。そういうわけで、今ここで強く批判の言葉を浴びせたいくつかの表現を、当の私が使うことがあるかもしれないが、その場合は、それ以外の方法ではできなかったからそれらの表現を使っただけであり、したがって、読者諸氏には、私の断定的表現に対して、私自身がこれに付与している以上の大きな価値を与えないようにと要望しておきたい。

私の前には、刺や茨におおわれた未開の原野が拡がっていた。私はこれを必死に切り拓こうとした。はたしてこの仕事が仕遂げられただろうか。しかり、と私ははっきり断定することはできない。心の中では十分にやり遂げたと思ってはみても、まだまだやらねばならぬことが数多く残されていることを経験は教えてくれるからである。だが、手がけた仕事を完成に導くために、採るべき道筋だけはつけておいたということだけは、はっきり証明できると思う。願わくは、多くの人びとがこの道に分け入り、勇敢に前進していって欲しいと思うものである。誓ってもいいが、払った労苦が実を結ばずに終るなどということはけっしてないだろう。

第一章
全体的問題

一　売春婦と売春の定義

売春婦及び売春という語は、すべての人たちの心や言語活動の中で、同じ意味を持っているわけではないから、この研究を始めるにあたってまず最初に、いかなる曖昧な表現も退け、われわれがこれに付与する意味をきちんと理解してもらえる明快で厳密な定義づけをしておくことが必要だと思った。

行政上の意味と用語では、自堕落な生活に身を委ね、行き当りばったりに体を許してしまう女性や娘だからといって、それで売春婦ということにはならない。彼女らを売春婦と規定するには、総裁政府《ディレクトワール》の行政当局が、売春禁止法の必要を訴えて、五百人会議に提出した通達に余すところなく示されている諸条件を併せ持つことが必要である[1]。この通達によれば、立法府に売春婦と判断させる要件とは、以下に記す通りである。再犯、あるいは法律にふれるいくつかの特殊行為の併合罪。公然たる事実。逮捕及び、密告者や警察官以外の証人によって証明された現行犯。

われわれが売春婦の法律にかかわるすべての事柄を扱う時には、共和暦四年雪月（一七九六年）にさかのぼる、実現には至らなかったこの通達に触れることになるだろう。

上のことから、身を持ちくずした女性だからといって、それだけではまだ売春婦とは言えないとするなら、行政官が公然たる不身持ちと売春とをはっきり区別するのは正しい処置ということになる。これら行政官によれば、遊蕩にふける女性や娘であるだけでは、まだ売春婦ではない。公然たる不身持ちは、売春を支える補給源と言える。それは誠実な生活から、社会から離れてこれと縁を切り、大胆にそして絶えず、誰の目にも明らかな破廉恥な習慣によって、この社会とこれを律している普遍的な約束事を捨て去ったのだと明示している階級のおぞましい状態への通り道なのだ(2)。女性が普通の生活習慣に身を置いている限り、当局は彼女をもっぱら社会を構成する一構成員とみなすだけである。当局は彼女を保護する義務があるし、彼女に対し特別監視の目を向けるなどということもない。だが、こうした保護する立場と監視行為は、官憲がそのいきすぎを厳しく抑制しなくてはならないこの破廉恥きわまる野蛮な生活へ女性が入っていった瞬間に、一変してしまう。

　したがって、パリ市の売春婦を論ずるにあたり、本書ではパリ市にいる不身持ちな女性をすべて問題にしようとは思っていない。本書の考察の対象は、いくつかの状況の併合により、また大胆にそして絶えず、誰の目にも明らかな破廉恥な習慣により、社会で特殊な階級を形づくり、当局が細心の注意を払って追跡しかつ監視していなくてはならず、われわれが売春婦とか娼婦と名付けている特殊なジャンルの不身持ちな女性に限定したい。

　今ここで行なった区別は、人によっては、多分少しばかり微細に過ぎると思えるかもしれないが、さまざまな階層の売春婦及び彼女らの登録に先立ち、これを必要としている特殊な諸状況をよく知れば、よりはっきりしてくるだろう。

二　これらの女性を供給している国はどこか

［……］国勢調査の実施された一八一六年四月一六日から一八三一年四月三一日までの一五年間で、パリで登録された一万二七〇七人の売春婦のうち、

生国を特定できぬもの　二四人
ヨーロッパ以外の国から来たもの　三一人
フランスを除くヨーロッパの国々から来たもの　四五一人
フランスの各県で生まれたもの　一万二二〇一人

以上の割合だった。

この分類については、さらに、興味深いそれぞれの特徴を理解するのに不可欠と思われる細部に入ってみることにしよう。

生国不明の二四人の不幸な女性に関しては、格別付け足すことはない。幼時より社会に放り出された彼女らは、優しく世話してくれた人の名前も忘れてしまい、しごく当然な職業にみえる売春に、悲惨な生活を支えていく生きる手立てを見出したのである。

ヨーロッパ以外の国から来た三一人の中では、

アメリカ人　一八人
アフリカ人　一一人
アジア人　二人

であった。

アメリカ人たちは、カナダ、アメリカ合衆国、サント・ドミンゴ、グァドループ島、マルチニク島、仏領ギアナ〔南米大陸北東部の海外県〕などの出身であった。

アフリカ人は、エジプト、喜望峰、イル・ド・フランス及びブルボン島[3]、マダガスカルなどに属する人びとであった。

アジア人では、一人はカルカッタ、他の一人はマドラス生まれだった。

フランス以外のヨーロッパの国々から来た四五一人の内訳は、次ページの国別人数表に示されている通りである。それぞれの国がフランスに送り込んでいる売春婦の大部分は、ほぼその国の首都か大都市の出である。二三人のイギリス人のうち、一七人がロンドン出身である。オーストリア人では、ウィーン出身は八人だった。スペイン人では、マドリッドとカディス〔スペイン南部、アンダルシア地方の都市〕がちょうど半数ずつだった。オランダ人では、半数以上がアムステルダムの出身といってよい。最後に、二、三人しか送り出していない国については、全部が首都出身者で占められている。この規則から外れるただ一つの国がプロシアである。ベルリン出身はたったの七人で、この国から来たものの大部分はラインラント出身である。

この調査の中で、スイスだけは顕著な特徴を示している。三州を除いて全州が、ほぼ同数の女性をパリに送り込んでいることである。女性供給数で他州に勝る州はただ一つ、ジュネーヴ州のみである。パリに来ているスイス人五九人のうち、ジュネーヴ人は一五人に達する。

〔……〕フランス一国だけで、一万二二〇一人もの娼婦をパリ市に供給していることは、すでに述べた。その詳細は興味深くかつ重要でもあるので、以下それについて触れておこう。

国別人数表

イギリス	23人	ナポリ	3人
スコットランド	1	ピエモンテ〔イタリア北西部アルプス山麓地方〕	11
アイルランド	4	ポーランド	6
オーストリア	15	ポルトガル	1
ハンザ同盟の三市(4)	4	プロシア	58
バーデン公国	2	ローマ	7
バイエルン	6	ロシア	2
ベルギー	161	サルジニア島	2
スペイン	14	サヴォア	22
ハノーヴァー	2	シシリー島	1
オランダ	23	スウェーデン	1
エルバ島	1	スイス	59
イリュリア〔バルカン半島北西部の古地名〕	3	トスカニア	4
ミラノ	9	トルコ	2
マルタ島	1	ウエストファリア	3
計			451人

全県を一括して調べてみると、一つの県を除いてすべての県が、この一五年間に、売春婦という貢物を首都パリに納めてきたことがわかるが、(後に示す)地図で確認できるように、その比率は非常に不均等である。

〔……〕パリを中心にし、相互に等しく二五里《リュー》離れた、すなわち二五里《リュー》間隔の同心円を描くと、最初の円には最も人数の多い県が、二番目の円にはこれらに続く県が入っていることがわかる。中心から離れるにつれて、わずか数名という県しか含まれていない円となってしまう。思うにこれは、パリに近い県が他の県より反道徳性が顕著だということではなく、パリに近いこと、容易にパリに行けること、頻繁な往来などが、フランスのすべての県からパリにやって来る売春婦の人数に関して、すこぶる大きな影響力を持っていることの明白な証左である。

しかしながら、一番遠く離れた円でも、この一般的規則から外れる例外もいくつか認められるが、それはもっぱら、特殊な原因に基づく地方的特殊性《ロカリテ》の影響によるものである。リヨンとピュイ・ド・ドーム、カンタルとオート・ロワールが、同距離の他県より数が多いのは、リヨンがパリと結んでいる経済的関係や、建物の本工事に従事したり、旧植民地の奴隷たちにとって代ろうと、パリに出てくるオーヴェルニュの住民の身についた習慣からきていることは明白である。(5)

こうした遠隔地、特にブーシュ・デュ・ローヌ、バス・ピレネー、ジロンド、ロワール・アンフェリウール、フィニステールなどの諸県では、商業や港湾の影響力が顕著に認められる。この影響力と、パリに近いという条件を結び合せれば、セーヌ・アンフェリウール、ソンム、パ・ド・カレ、ノールなどの県の示す高い数値も説明がつくだろう。オート・ガロンヌとエローの両県――どちらも周囲の県より八〜九倍にもなる――については、高等教育機関の影響を指摘できないだろうか。(6) 駐留部隊や軍の要塞の影響を挙げても意味はないだろう。というのも、国境沿いにある県ではどこでも、それははっきり認められるからである。

しかし、面積はどれもほぼ同じであるが、はっきりとした違いが摑めるのは、フランスを北部、中央部、南部の三区域に分けた場合である。この三区域は以下の二本の線で仕切ることができる。一つは、中にイル・エ・ヴィレーヌ、マイエンヌ、サルト、ロワール・エ・シェール、シェール、ニエーヴル、サオーヌ・エ・ロワール、ジュラの諸県を含む、サン・マロに発しジュネーヴ湖に至る線であり、(7) 他の一つは、中にシャラント、オート・ヴィエンヌ、クルーズ、ピュイ・ド・ドーム、ロワール、ラン、アンの諸県を含む、ボルドーに発しシャンベリーに至る線である。

最初の区域［北部］には　二九県

二番目の区域［中央部］　二七県
三番目の区域［南部］　二九県

がそれぞれ含まれている。

これら三区域全部で、パリに一万二二〇一人の売春婦を送り込んでいる。

三区域それぞれの人数は、以下の通りである。

最初の区域　一万一〇三一人
二番目の区域　九六九人
三番目の区域　二〇一人
計　一万二二〇一人

注　コルシカ島はここに含まれない。〔次ページの五地域に区分した地域別供給数合計にはコルシカ島の一名は含まれていない。したがってここでは著者の言とは異なり、コルシカ島も含まれているものと見なければ数字が合わない。〕

これを見ると、面積はほぼ同じなのに、フランス中央部の供給数は、北部の一二分の一以下であり、南部は北部の五九分の一以下である。［……］

三　パリの売春婦の供給源となっている家庭の社会的地位

売春婦の出身家庭についてのデータ収集を重要と考えたのは、単なる好奇心からではけっしてない。高度な行政上の問題以上のものを解決し、売春に関係するすべての事柄について、特別注意を払って然るべき社会階級を当局に知らしめるために、こうした情報が必要になっていたからである。だが、このような重大な問題について、確かな情報はどうしたら入手できるか。困難ではあったが、私には不可能

1	セーヌ	4,744人	47	シェール	26人
2	セーヌ・エ・オワーズ	874	48	ブーシュ・デュ・ローヌ	25
3	セーヌ・アンフェリウール	546	49	シャンタル	20
4	セーヌ・エ・マルヌ	453	50	ヴィエンヌ	18
5	オワーズ	337	51	コート・デュ・ノール	16
6	エーヌ	327	52	ロワール	14
7	ノール	308	53	アンドル	14
8	ソンム	302	54	アン	13
9	ヨンヌ	272	55	バス・ピレネ	12
10	マルヌ	262	56	イゼール	12
11	ロワレ	256	57	クルーズ	12
12	オーブ	207	58	オート・ロワール	10
13	コート・ドール	206	59	エロー	9
14	カルヴァドス	194	60	オート・ガロンヌ	8
15	ユール・エ・ロワール	180	61	ドローヌ	8
16	ユール	179	62	シャラント	8
17	モーゼル	165	63	オート・ヴィエンヌ	7
18	パ・ド・カレ	163	64	ヴァール	6
19	ムールト	154	65	ドゥー・セーヴル	6
20	オート・マルヌ	138	66	ピレネ・オルル	5
21	ムーズ	131	67	オート・ピレネ	5
22	オルヌ	117	68	ロ・エ・ガロンヌ	5
23	ローヌ	104	69	ガール	5
24	バ・ラン	101	70	ヴァンデ	4
25	オート・サオーヌ	99	71	タルヌ・エ・ガロンヌ	4
26	マンシュ	98	72	アヴェイロン	4
27	アルデンヌ	83	73	タルヌ	3
28	サルト	79	74	ランド	3
29	イル・エ・ヴィレーヌ	77	75	ドルドーニュ	3
30	ドゥーブ	65	76	コレーズ	3
31	ロワール・アンフェリウール	63	77	アリエージュ	3
32	ピュイ・ド・ドーム	62	78	ヴォークルーズ	2
33	アンドル・エ・ロワール	59	79	バス・アルプ	2
34	ロワール・エ・シェール	54	80	ロ	1
35	マイエンヌ	46	81	ジェール	1
36	ヴォージュ	43	82	オード	1
37	フィニステール	42	83	アルデッシュ	1
38	サオーヌ・エ・ロワール	40	84	オート・アルプ	1
39	ジロンド	39	85	コルシカ	1
40	ニエーヴル	39	86	ロゼール	0
41	モルビアン	38			
42	メーヌ・エ・ロワール	35			
43	アリエ	34			
44	ジュラ	32			
45	シャラント・アンフェリウール	27			
46	オート・ラン	26			

地域別供給数

北　部	9,283人	
東　部	1,251	
中央部	1,141	
西　部	442	
南　部	83	計　12,200人

1816年から1831年にかけ，フランスの各県からパリ
にやって来て，パリ警視庁に登録された売春婦の数

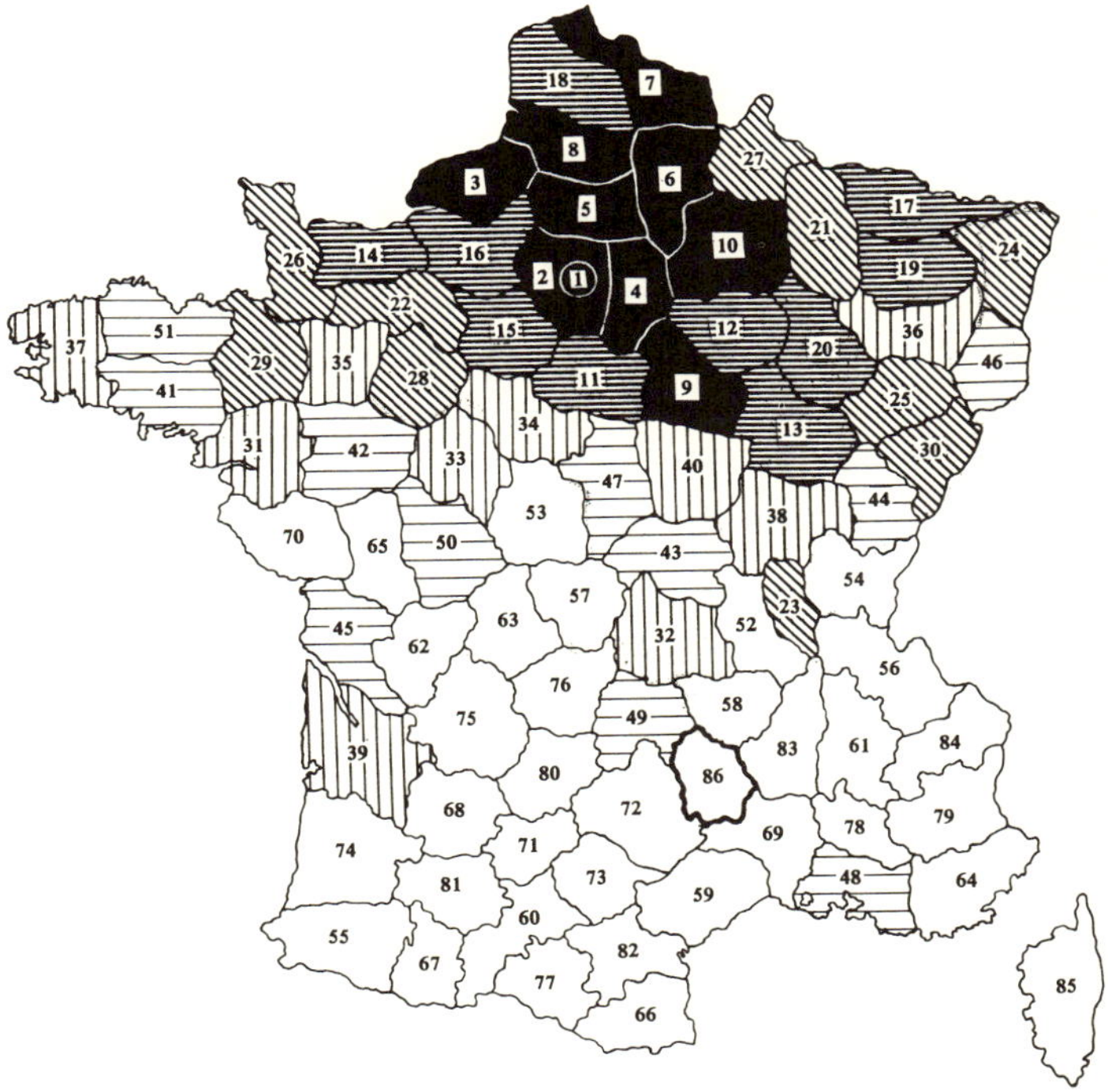

右ページに載せた県を，供給人数の多い順に従って仕分けた表（県の中に記された数字はその順位を示している）に基づいて，パラン゠デュシャトレはさまざまな枠組を活用している（本書では，15人以下の売春婦を送り込んでいる県を集め直してみたところ，1人の売春婦も供給していない県はたった1県――ロゼール県――だけだった）．
この地図表示が，今日人文科学の研究者が用いているような方法でないことはもちろんである．パラン゠デュシャトレの著作のすぐ後に出る『フランス一般統計学』にあるように，県の位置をはっきり示したいという欲求が，ここでは最重要なもののようにみえる．
〔右ページの合計12,200人にはコルシカの1名は含まれていない――訳者〕

な仕事とは思われなかった。こうした資料を入手するため、私のとった方法は以下の通りである。まず私は、監獄や施療院で会ったすべての売春婦に質問することから始めたが、まもなく彼女らの幾たりかは嘘をついていることがわかった。

そこで私は、これらの施設の職員や、売春婦の監視、指導の職務に就いている人すべてに問い合わせ、彼らの答えを記録しておくことにした。だが、これらの回答を分析してみると、得られた結果は、少しも私の心を満足させてはくれぬ曖昧で不明確なものばかりであった。

絶対に誤りを犯さないと思えた方法をドラヴォ氏に提案したのはその時である。それは登録されているすべての娼婦に命じて、彼女らの確かな出生証明書を作成させることだった。しかし、この警視総監は、実に立派な意図に満ち溢れた人だったが、この方法を実行可能とは考えなかった。

数日後、ドラヴォ氏に代わり総監となったド・ベレイム氏に、再度これを提案することにした。この司法官から回答は得られなかったが、しばらくすると、登録すべき娼婦だけでなく、すでに登録されていても、なんらかの過失や違法行為で逮捕され、投獄された娼婦はすべて、以後この証明書の作成が求められるという法令が出されたことを知った。したがって、私はただ、この証明書が十分な数だけ集められ、そこから厳密な結論が取り出せ、そして一つの正しい法則が導き出されるようになるのを待つだけでよかった。一八二八年から一八三二年にかけて集められ、綿密な検討を加えた、手元にある証明書の数は、五〇二四通である。

この証明書には、父親及び二人の証人の職業が記入されているので、そこからすべての家族の社会的地位を確認することができた。けれども、より以上の厳密さを期すため、この証人の中でも最初の証人に関係する情報しか利用しないことに決めた。というのも、同一地方からきた証明書をいくつかつき合わせてみると、二番目の証人の名前がすべて同じであることに気づいたからである。これは、一般的には、市町村役所の職員の一人にこの役目をしてもらっているという習慣から説明がつく。

わが国の首都に一定数の売春婦を送り込んでいる家庭の県別職業一覧表をここに掲げることは可能である。かつて、こうした意図でそれを作成したこともあった。しかし、あまりに範囲が広いため、また特にさほど役に立たないことから考えて、ここではそれを一つにまとめて示してみたい。そこでただ、これを二つの部分――一つはパリに関するもの、他は地方県に関するもの――に分けることでよしとしておこう。

パリで生まれた売春婦はすべて、狭い目で見て、いわば職人《アルチザン》階級(8)の出身であることや、幾たりかが断言したように、名家の出の売春婦も数多くいるなどという見方が正しくないことが、この表から見てとれるだろう。しかし、そのうちの一人は、名親と出生証明書の証人が某将軍であったが、父親は肉屋だったこと、また、公証人の娘だったもう一人の娼婦は、名親が某皇太子、代母がある名家の令嬢であったことは事実である。さらに、D……なる名の女性は、まぎれもなく名家の出であり、他の三人の女性もほぼこれと同じケースだった。だが、一般的規則から外れる少数のこのような例外を取り上げてみて、それが一体何の役に立つというのか。それは強く印象に残ったことがらをことさらに普遍化しようとする人間の傾向と、ただ記憶にだけ基づき、少しも秩序立って記録されていない上辺だけの観察に頼った場合、どれほどたくさんの誤りを犯すものなのかを、はっきりと示すものである(9)。

なおまた、パリに関する父親と証人の職業について言うと、二四七人の父親は、彼らの従事する職業

パリ生まれのパリの売春婦の父親及びその出生証明書作成に際して証人になった人たちの就いている職業表[10]

職業	父親の数	証人の数
澱粉製造商	1	0
建築家，建築請負人	4	6
洗濯屋	5	6
桶屋，籠屋，ピン職人，扇子製造業，楽器商	8	3
靴下製造人，薄布製造人，織工，網屋	19	16
肉屋，豚肉製品屋の主人	7	8
パン屋，ケーキ屋	8	10
馬具製造業，鞍具商	3	6
腸処理工，廃馬屠殺業，汲取人	3	1
古道具屋，行商人	12	9
敷石工夫，左官，屋根職人，暖炉職人，硝石製造工	28	26
ろうそく職人	2	1
帽子製造業	6	6
炭焼き人，水運搬人	11	11
くず屋	2	0
外科医，薬剤師，内科医，弁護士	4	10
御者，車引き，駅馬車の御者	35	27
靴直し，長靴職人	50	39
皮なめし工，なめし革商，モロッコ皮製造職人	6	7
農民，庭師，土工，ブドウ園労働者	31	27
召使い，門番	23	17
金細工師，銀めっき職人，金箔師	5	8
ブリキ屋，金物屋	8	12
鋳造工，彫金師，型枠工	18	7
彫刻師，宝石細工師，七宝細工師	5	7
家庭教師	3	3
日雇労働者，取次業者，肉体労働者	113	74
荷造り用木箱製造人，木工職人，大工，縦挽き製材工	31	33
（アパルトマンの）貸主，室内装飾業者	5	8
大理石墓石業者，金銀細工くず粉洗浄係	4	4
居酒屋，リキュール酒販売業者，ソーダ水販売業者	22	21
蹄鉄工，錠前屋，製釘工	23	13
船乗	6	5
機械組立工，武具師，刃物師，刀剣研師	11	8
手芸材料商人，食料品屋，八百屋	18	18
傷痍軍人	30	21

職業表（つづき）

職　業	父親の数	証人の数
歌手，ダンス教師	9	9
家畜飼育者，牛乳屋	2	5
さまざまな階級の吏員	10	10
金銀細工師，時計屋，宝石屋	16	13
製紙業者，ボール紙製造業者	6	6
かつら師，理容師	16	15
鉛管工，ポンプ製造業者，水道工事屋	3	1
陶工，ファインス焼き物師，水晶細工師	6	3
実務家，執達吏，作家	3	5
巡回研師	4	2
年金生活者，勤め人	64	74
軽業師，役者	2	2
木彫家	2	3
チェス盤細工師，備付け職人，高級家具職人	16	14
洋服屋兼古着屋	22	23
石工，舗装工，左官，石切り工	21	11
染物師	3	2
樽屋，車大工	11	9
回転砥石などを回す人，ボタン屋	6	7
総菜屋，料理人，砂糖菓子屋	9	7
ガラス工	2	4
ガラス職人，ペンキ屋，印刷工	25	21
計	828	724

地方諸県で生まれたパリの売春婦の父親及びその出生証明書作成に際して証人となった人たちの就いている職業表

職　業	父親の数	証人の数
役者	1	3
宿屋の主人	55	69
肉屋，豚肉製品屋の主人	53	40
パン屋，ケーキ屋	26	45
死刑執行人	1	0
ビール醸造業者	9	3
帽子製造業者	35	26
大工，指物師，車大工	182	150
馬車の御者，車引き，馬丁	60	33
靴販売人，長靴屋，靴直し職人	93	111
農民，野良仕事従事者	325	395
召使い	77	62
税関吏	3	0
勤め人，作家	36	59
食料品屋，手芸材料商人	51	78
露店商，行商人	47	43
法律家，執達吏	24	46
時計屋，金銀細工師	26	31
家庭教師，小学校教師	31	73
人足	541	300
船乗り，高級船員	29	26
蹄鉄工，錠前屋，鍛冶屋	88	68
軍人，憲兵	79	46
職人（左官，れんが工），塗装工，石工	181	115
製粉業者	35	19
医者，外科医，学位のない特別免許の開業医	6	15
歌手	20	9
陸海軍士官	28	37
かつら師	34	33
僧侶	0	12
陶工，銀食器職人	8	7
年金生活者	49	142
洋服屋	46	54
なめし皮商，皮なめし工，白なめし皮職人 etc.	25	19
あらゆる種類の織物工，メリヤス工	192	176
ガラス職人	10	12
計	2,506	2,357

と同じ職業の人間二四七人を証人にしていたことも指摘しておきたい。

次に、パリ以外で生まれ、地方の県からパリに出てきた娘について調べ、そこから得られた結果が上述の結果と合致するのか、それともそれを覆すものなのかどうかを見てみよう。

［……］売春婦の出身階級については、地方の県とパリとでは、相違点は全く認められない。最初の表を見ても、後の表を見ても、労働者《ウーヴリエ》や金銭的に非常に恵まれぬ人びと、したがって娘の教育に気を配ったり、しっかり監督したり、さらには、娘が一定の年齢に達しても必要な生活費も与えてやったりすることのできない人びとしか目には入ってこないだろう。召使いとか、家内作業場で働く娘たち――誰しも、そこから作り出される生産物は称賛しながらも、それがもたらす有害な結果には嘆きの言葉大である、あの腐敗堕落の温床(11)――は、まさしくこうした家庭から出ているのだ。

四　売春婦の世俗の身分に関する二、三の考察

私は売春婦研究の過程で、彼女らの大半が私生児で、中には捨て子もかなりの数に上るという意見を固く信じて疑わぬ多くの人間に出会ってきた。これは十分根拠のある意見であり、またこうした意見を述べる人は、いつも売春婦と性的関係を持っている人たちであったから、その意味では非常に真実味の高い意見だった。それは興味深い意見であるから、これを数字で検証――必ずやこの問題に大きな解明の光を投げかけてくれるだろうし、またここではぴったりあてはまる方法である――してみよう。これをパリとセーヌ県について考察していこう。

［……］この表から(12)、パリ出身の売春婦については、その四分の一が私生児であり、また、その私生

児の半数は出生に際し、父親から認知を受けていたことがわかる。なおまた、住民数から考えて、売春婦を多く抱えている地区が私生児をより一層多く出している地区にはならないこともわかる［……］。

五　売春婦の教育の程度

このような質問に明快な答えを出すことは容易ではない。ごく少数に限定すれば、それは可能であると言える。だが、多数を問題にした場合には、これを特別な研究対象にし、この問題だけで、精力的にかつ真面目に、休む暇なく取り組んでも、何年間もかけなくては達成できないほど困難な仕事だと思われる。正直に言えば、これまでこうした研究がなされたことはなかった。私より有利な立場にある人間が、いつかこれを計画し実行に移してくれることを期待しながら、さしあたり本書では、私にとって興味深く思えた観察事実のいくつかを書き留めておくことにしたい。それが来たるべき未来と過ぎ去った年月との対比点の役を果してくれるだろうというのが、その主たる利点である。

売春婦は登録に際して、当局がとるべきと判断した公衆衛生及び公安上の処置にすべて従う旨の、一種の誓約書に署名することが通例になっている。この書名の筆跡を鑑定すれば、彼女らがいささかでも教育を受けたことがあるか否か、また受けた教育がどの程度なのかなど、一定程度は摑めるのではないか、と私は考えたのだった。この点について、私のとったやり方は次の通りである。

名前の書けないもの、あるいは署名欄に×印やこれに類する別の印をつけて済ませているものは、無学で全く無知な人間とみなすことにする。

名前の書けるものも、さらにまた二種類に分けてみた。一方は、震えた、下手くそであやふやな字体

パリ出身の売春婦の嫡出子・非嫡出子の割合

地区	嫡出子	私生児	私生児だが認知されたもの	私生児合計	私生児の割合 私生児対嫡出子
1区	44	4	7	11	1：4
2	59	4	8	12	1：4.91
3	37	10	2	12	1：3.08
4	71	13	11	24	1：2.95
5	104	12	16	28	1：3.71
6	124	11	8	19	1：6.52
7	61	6	10	16	1：3.81
8	111	11	9	20	1：5.55
9	70	8	6	14	1：5.00
10	71	6	8	14	1：5.07
11	55	7	9	16	1：3.43
12	139	27	24	51	1：2.72
計	946	119	118	237	1：3.99

からみて、字を書くということそのものが苦しくて難儀な作業であり、日頃ペンを持つ習慣のないことがはっきり推察できるものと、他方は、これと全く対照的な特徴の字体との二種類に。前者は、ある程度の教育は受け、読み書きはできるのだが、その教育は、言うならば、ものになるところまでいっていない人間の手で書かれたもの、後者は、高い教育を受け、知性の練磨が長期間にわたってなされ、しかもこれを実生活での使用によって、しっかりと保ってきた人間の手になるものとみなすことにする。(13)

こう規定した上で、私は登録簿の署名欄に記されているものすべてを読み取り、これを以下の四グループに分類した。

第一グループ　自身の名を書けないもの

第二グループ　名前は書けるが、非

常に拙劣である

第三グループ　きちんと、しかも手速く署名ができる

第四グループ　はっきりしたデータの得られなかったもの

以下の内訳から、この四グループそれぞれの持つ価値と意味がわかるであろう。

パリで生まれ、そこで育った四四七〇人の娼婦の内訳は次の通りである。

名前の書けぬもの　二三三二人

名前は書けるが、拙劣である　一七八〇人

しっかりと、時として実にしっかりと署名してある　一一〇人

データの得られなかったもの　二四八人

計　四四七〇人

教育がほかのどの国よりも広く普及し、貧窮者にはそれが無償で与えられ、また生活の資を得るためには、それが欠くべからざるものであるからこそ、国民もその持つ重要性を十分に認識しているフランスの首都で、無学な娼婦二・二三人に多少なりとも教育を受けたことのある娼婦が一人という割合でしかないことは、(14)こうした人びとが全くの無能であるのか、それとも、父母の怠慢から子供たちを精神的退廃と投げやりの状態に置いてきたことの証拠――したがって、子供の側からみれば、彼らの陥っている自堕落な状態は当然その父母に責任があるのだと主張していい――とみるのか、いずれかである。

他の地域に移ってみよう。

セーヌ県の二つの郡庁所在地出身の三九人のうち、

名前の書けぬもの　二五人
どうにか書ける　一四人
農村地帯出身の二六四人のうち、
名前の書けぬもの　一四六人
どうにか書ける　七四人
不詳　四四人
以上であった。
このことから、農村生まれの娼婦に無学なものが顕著だとはいえ、それはパリほどではなく[15]（無学なもの一・九七人に教育を受けたもの一人という割合）、さらに、二つの郡庁所在地出身者では、これよりもっと少ない（無学なもの一・七八人に教育を受けたもの一人という割合）ことがわかる。
［……］パリの売春婦の出身地を語る際に、私はフランスを北部、中央部、南部の三つの区域に分けた。この異なる三地域出身の娼婦たちの教育の有無を語る時も、先の区分を想起すべきだと考えた。
北部出身では、県庁所在地の一八一九人の娼婦の内訳は以下の通りだった。
名前の書けぬもの　六六三人
どうにか書ける　一〇五二人
しっかりと書ける　三七人
不詳　六七人
北部郡庁所在地では、

名前の書けぬもの　八七八人
どうにか書ける　四四六人
しっかりと書ける　二四人
不詳　五六人

北部農村地帯では、
名前の書けぬもの　一九五六人
どうにか書ける　七一四人
しっかりと書ける　一四人
不詳　二二八人

データの得られなかった娼婦は別にして、文字を知るものとそうでないものとを比較すると、その割合は次の通りである。

	教育を受けたもの 対 無学なもの
県庁所在地では	一人　対　〇・六人
郡庁所在地では	一人　対　一・八六人
農村地帯では	一人　対　二・六八人
北部全県では	一人　対　〇・六五人

中央部については、九六〇人のうち、県庁所在地では、
名前の書けぬもの　二七二人

どうにか書ける　一八三人
しっかりと書ける　一〇人
不詳　一九人
郡庁所在地では、
名前の書けぬもの　一二八人
どうにか書ける　八一人
しっかりと書ける　四人
不詳　九人
農村地帯では、
名前の書けぬもの　一六九人
どうにか書ける　六一人
しっかりと書ける　四人
不詳　二〇人
南部については、二〇二人のうち、県庁所在地では、
名前の書けぬもの　五九人
どうにか書ける　五一人
しっかりと書ける　なし
不詳　二人

郡庁所在地では、
名前の書けぬもの　二〇人
どうにか書ける　一五人
しっかりと書ける　なし
不詳　二人

農村地帯では、
名前の書けぬもの　三六人
どうにか書ける　九人
しっかりと書ける　二人
不詳　七人

最後に、外国人女性五〇一人については、
名前の書けぬもの　二四五人
どうにか書ける　二一七人
しっかりと書ける　一七人
不詳　二二人

六　売春の主たる原因は何か

［……］売春に身を委ねている娼婦はみな、それまですでに、多かれ少なかれ一定期間にわたってふ

しだらな生活を送ってきたのは間違いないとみなしてもいい。この一〇年間をみても、無料診療所で、登録を受けに来た娼婦のうち、力ずくで処女を奪われなかったのは、たったの三、四人だった[16]。したがって、ある種の娼婦に関して言えば[17]、売春はまず第一に、人間の守るべき最も大切な義務をなおざりにした結果であり、かつそのほぼ不可避的な帰結であるとみなしてよい。これについては、売春婦を研究したり観察したりすることのできた人たちの中に、意見の相違はみられない。

これが一般的な原因であり、またどの売春婦にも一様に作用している原因である。しかし、副次的な、言うならば個人的原因もいくつか認められるから、以下にそれを挙げて、調べてみよう。

売春の決定的要因として、怠惰がまず第一に挙げられる。怠惰とは、働かずに快楽を享受したいという欲求であり、その結果、多くの娘が、それまで就いていた職を途中で辞めたり、またそうした職を見つけようと努力しようとしないことになる。売春婦の怠惰、怠け癖、無気力は、いわば諺にもなっているほどである。

しばしば、〝ぞっとするくらい〟と形容されているほどひどい貧困もまた、売春の最も強力な原因の一つである。家族から見放され、親も友人もなく、身を寄せるところなどどこにもなく、餓死を免れるため、やむなく売春へと走らざるをえなかった女性のなんと多いことだろう！　こうした不幸な女性の一人は、まだかろうじて恥の気持ちが残っていたため、彼女自身ぎりぎりの最後の手段とみなしていた立場を選択しようと決心するまで迷いに迷った挙句、登録を受けに来た時は、三日間というもの何も食べていないことが誰の目にも明らかなほどであった。

虚栄心と華美な衣服を身にまとって人目に立ちたいという感情も、怠惰と並んで、売春の最も強力な原因の一つ——特にパリでは——である。今日のわが国の生活習慣からすると、簡素な服装、いわんや継ぎはぎだらけの粗末な衣服など本当に恥ずべきことゆえ、多くの乙女たちが、華美な衣服を身につければ、生まれた身分から脱け出させてくれ、今度は自分が軽蔑する側に加わることができるだけになおのこと、誘惑に負けてしまうのだと知っても、驚くほどのことではない。ある種の女性にあっては華美な服装への執着心がどれほど強いものであるかを十分に心得ている人たちは、この売春の原因の及ぼす影響力が、パリでは一体どれくらいか容易に見抜けるだろう。

地方の女性はと言えば、パリの女性には見られない、売春の道に踏み込む特別な原因がある。その原因とは、愛人に棄てられたり、見放されたりすることである。

多くの青年、軍人、学生、外交販売員たちが、田舎の乙女らをたらし込んでものにし、結婚しようとか、うまい職を見つけてやろうとか、嘘八百を並べたてたり、また、乙女らを否応なく身を隠さなくてはならない状態に追い込んだりして、パリに連れてくる。しかし、パリに来たとしても、すぐに棄てられることになり、あとは自らの手で身を処していかなくてはならなくなってしまう。パリのような都会では知人など一人もなく、金もなく、もっと不幸なことには、彼女らの不始末を知る郷里に再び姿を見せることも、家名を汚され、憎悪と怒りをかき立てられた家族の元にも戻れず、家具付き部屋——街頭というのもしばしばだ——に放り出されたこうした不幸な女性の置かれた状況を想い起してみるといい。このような立場に追いやられた娘が、甘いささやきや約束を口にする人間につい身を任せてしまったとしても、何の不思議があろうか。事実、乙女たちを堕落と退廃の道に引きずり込むのを生業としている忌むべき女たちが特に目を向けるのは、この種の娘であることははっきりと証明されている。この女たちは乙女らをつけねらってありとあらゆる場所を徘徊し、極悪非道なその手口といったら、もう見事という以外にない。本書では、こうした階層の女たちや、習熟したその手口に触れる機会は数多いだろう。田舎の娘らがすべて同じやり方でパリに連れてこられるわけではない。多くは、最初に男に誑し込まれて、自らの意志でパリにやってきたものである。彼女らにとって、パリは自らの犯した不名誉を近親や同郷人の目から隠しておける手段の見つけられる絶好の隠れ家であり、さらには、彼女らを脅かし、苦しめている貧困を切り抜ける方策の見出せる場所でもあるからだ。

娘によっては、家庭内での苦痛や、非人間的で野獣のごとき両親から受けるひどい仕打ちが、彼女らの決心を促す理由にもなっている。彼女らの答えをそのまま信じるとすれば、彼女らが家を出たのは義父や義母の乱暴な仕打ちから逃れるためなのだ。だが、大多数の娘は、おそらく自ら犯した不品行ゆえに、親の家から追い出されたのだと思われる。というのも、仮に野蛮な親がいたとしても、幸いにも、そのような親などほんの微々たる人数でしかないと思わざるをえないからである。

施療院や、定職を持たぬ召使いたちを受け入れ、寝泊りさせるあの粗悪な家具付き貸部屋での長期逗留もまた、多くの娘たちにとっては、非行の決定的原因になっている。こうした場所こそまさに、今私の触れたあの忌むべき女たちの徘徊するところである。彼女らはそこに生じた出来事を逐一報告してくれたり、役立ちそうなあらゆる娘に関するメモ帳を廻してくれる手先を何人も配置しているのだ。こうした娘たちと、パリで愛人から見棄てられた娘たちとの間には、差異はほとんどない。しかし、売春の事情に詳しい幾たりかが指摘してくれたように、以上の二つの原因は、素行の非常に疑わしい娘たちにだけ作用するものである。というのも、真に操《みさお》正しい娘にとっては、気を配ってくれたり、職や故郷に戻る手段を与えてくれたりする人など、いつでも見つけることができるからである。

多くの娘たち、特にパリの娘にとっては、親の不品行や、親が子にみせるありとあらゆる種類の悪しき手本こそ、その決断を促す主原因の一つだとみなさなくてはならない。娼婦たちの身上書や尋問調書を調べると、家庭生活の乱れ、妾と暮らすやもめ男、寡婦や既婚婦人のこしらえている愛人、離婚した両親などを取り上げているのはしょっちゅうである。このような親が、一体子供らにどんな保護、監視の目を光らすことができるというのか。叱ったり、よき忠告を与えてやるべきだと考えたとしても、彼らの口から出たこのような意見が、はたしてどれほどの重みと権威を持てるであろうか。

こうして、最下級の多くの人びとの堕落、無頓着さ、貧困などが、子供たちの腐敗堕落を生み出したり、またこれを未然に防いだり阻止したりすることを不可能にしているのである。普段犯罪者を観察してわかるのは、彼らの大多数が卑しい平民出身だという事実であるが、多くの売春婦についても、ほぼこれと同じことが言える。年若い娘だけに限っても、幼い頃から、耳に入る言葉にも、目にとまる事物にも、何の配慮もされていなかったり、両親（もっとも、彼女らが私生児でないとしたらの話であるが）が不和になり、別な相手と不義密通をはかる有様を目にしたりしたら、一体どんな貞操観念が持てるだろうか。大多数が夜明けから街頭に放り出されて、果物、野菜、小唄の楽譜売りなどをさせられたり、仕事場で屈強な青年と混じって働いていれば、卑猥な習慣などすぐ身についてしまい、歳より早く背徳的関係を結んでしまうことになる。人格形成以前に、すでにもうその純心無垢な心は失われてしまっているのだ。こうした関係が長続きすることはありえず、事実またその通りであり、こうしてこの不幸な娘たちはすぐさま売春の仕事を始める——しかも、両親の目の前で——のである。これらの条件に、すでに売春の道に入っている仲間の姿が目に入ること、常に悪徳に随伴する怠惰、耳に入る放蕩生活の与えてくれる快楽の噂――というのも、放蕩生活は、働かないでもあらゆる欲望を満たしてくれるから――などが加わって、乙女の誘惑に対する抵抗力をなくしてしまっているのは驚くべきことではないのではなかろうか。新たな職に入ることを決心させ、乙女を永久に不名誉と恥辱の深淵へと沈めてしまうのではないのには、ほんのちょっとした叱責、何気ない一言、思いがけぬ出会いがあるだけで十分である。おそらくパリでは特に顕著であり、また他の大都市でもそうであるが、売春をもたらすすべての原因中でも、職のないことと不十分な給与の必然的な結果である貧困に勝るほどの強力な原因はない。縫子、病院や寄宿舎のタオル・シーツ係の娘、靴下の修繕工、そして針仕事一般に従事している女性らが、一体どれほど稼いでいるだろうか[18]。熟練者の稼ぎと、並の能力しか持たない娘の手にできる稼ぎとを比較してみるといい。そうすれば、並の能力の娘たちが生きていく最低限の稼ぎを手にすることが可能かどうかもわかるだろう。とりわけ、彼女らの手仕事で得る代価と、その恥ずべき職業で得る代価とを比較してみるといい。そうすれば、多くの女性が、いわば止むに止まれず堕落した生活に転落していく姿を目にしたとしても、驚く人など誰もいないだろう。男性にとって、女性の領域として残しておく方がずっとふさわしくかつ恥ずかしくないような数多くの仕事が男性に奪われてしまっている結果、今日のわれわれの社会では、不幸にして、こうした事態は増大の一途にある。例えば、パリで、血気盛んな年齢の何千という青年が、カフェや露店や商店の中で、女性にこそ似つかわしい生気のない柔弱な生活を送っていたり、またそうしたところで、皿洗いや雑巾がけの仕事に懸命になっている姿を目にしたりするのは、本当に恥ずかしいことではないだろうか。だからこそ、彼らはいつまで経っても無知無学であり、またほんの些細なことでもすぐに興奮したりすることにもなるのである。

このように悲しむべき結果を目にしたら、社会がこれまで娼婦たち――社会の細かい配慮を受けるに値し、かつ国家のメカニズムに関して大きな影響を及ぼしている人びと――のことを十分考えてきたかどうか疑わしいだろう。私について言えば、そうは考えていない。この点では、われわれにはまだこれからしなければならない改善策がたくさん残っていると思う[19]。こうした題材は論ずるのがなかなか困難である。だが、それは重要であり、政治家の考察対象であると同時にまた、宗教や良俗の友にふさわしい題材のように私には思えるのである。

一部の女性にあっては、娘あるいは母親という役目が強いる諸々の義務を果すために、売春に従っていることなどなかなか信じてはもらえないだろうが、これほど確かなこともないのである。夫から捨てられたり、夫を奪われたりし、そのため生活の支えをすっかりなくしてしまった既婚女性が、ただもう大勢の家族を飢え死にさせたくないという一念から、売春業に入っていくのを目にすることも稀ではない。さらには、年老いて身体の自由のきかなくなった両親の生活費を賄う手立てが、今就いている仕事の中では見出せず、不足分を補おうとして、夜毎売春稼業に精出す乙女たちの姿に接するのも、しごく当り前の状態になっている。私は売春婦の中でもこの二つの階層の売春婦に関する特別な記録文書《ノート》を見る機会があまりに多かったので[20]、パリでは、売春婦が想像以上に多いことを確信したのだった。

最後に、彼女らを間近で観察、研究している人の目には、罪悪感を非常に弱めるある種の心の病いの働きからでしか説明のつかぬような放蕩生活の結果、売春の道に入っていた娘も幾たりかは存在する。だが、一般的には、こうした淫蕩女《メッサリーヌ》はきわめて稀であり、この件については私はみな一致した意見――

私の個別の研究は十分にそれを立証しているが――しか見出せなかった。

売春の原因を、われわれの社会が到達した極度の文明開化の状態に帰すべきだろうか[21]。すでに述べた詳細だけから判断するなら、この見方は肯定できるかもしれない。しかし、古代や中世の未開時代を想起しても、やはりそこでも、至るところに売春の痕跡が見つけられる。文明化の下絵さえほとんど描けないようなアフリカやアメリカの辺境地帯に分け入った今日の旅行家たちの著作を参照しても、同じことが言えるだろう。つい最近行ったオーギュスト・ド・サン゠ティレール氏のブラジル内陸地帯旅行に関する報告書[22]を読んでも確かめられるように、彼らはそうした辺境地帯にも、おびただしい売春婦の姿を目にしたのだった。多くの娘たちにとって、今日のわが国の社会状態が身を誤る原因となっていることは疑問の余地はない。けれどもまた、この同じ社会状態が、他の女性たちには、それがなければ持てぬだろう能力、またその貞潔さを保ち、婦徳の見本となるような能力を与えてくれてもいるのである。

長期にわたり、私の考察の対象となっていたあの不幸な女性たちに、売春の道を選ばせてしまうこうしたさまざまな原因が一体どれほどの比率で作用しているのかを知ろうと、私は長い年月研究に従事してきた。しかし、この研究は具体的な結果を何一つもたらしてはくれなかった[23]。与えられた情報の正確さを保証してくれるものなど何もなく、したがって欠陥情報も相当数存在すると考えて当然である。しかしながら、それらがどんなものであれ、私は本書に載せておくつもりであるから、読者諸兄も適宜取捨選択して利用してほしいと思うものである。

パリの売春婦の売春への動機と出身地

決定的原因	パリ生まれ	県庁所在地	郡庁所在地	農村	外国	総計
1　極貧，絶対的窮迫	570	405	182	222	62	1,441
2　両親の死亡，実家からの追放，捨て子	647	201	157	211	39	1,255
3　年老いて身体の自由のきかなくなった両親の生活を助けるため	37	0	0	0	0	37
4　長女で，父母を亡くし，兄弟姉妹，時には甥，姪までも育てるため	29	0	0	0	0	29
5　寡婦，または夫から棄てられた妻が大家族を養っていくため	23	0	0	0	0	23
6　パリに身を隠し，そこでなんらかの生活手段を見つけようとパリにやって来たもの	0	187	29	64	0	280
7　軍人，商人，学生などにより，パリに連れてこられたが，棄てられたもの	0	185	75	97	47	404
8　主人に誘惑され，奉公先から追い出された召使い	123	97	29	40	0	289
9　しばらくの間，単なる囲われものだったが，その愛人に死なれ，途方にくれているもの	559	314	180	302	70	1,425
計	1,988	1,389	652	936	218	5,183

第二章

売春婦の風俗と習慣

本章の含む主題は、売春婦の歴史の中でも最重要なものの一つである。実際、考察しようとする階級の趣味、風俗、習慣、悪癖、欠点などを知らずに、一体どんな改善策を講じ、改革案を手にすることが可能か、一言で言えば、善を成すことができるというのか。したがって、私はこの問題については、必要と思える限り詳しい細部にまで立ち入って論じてみたい。〔……〕

一　売春婦には、その習慣、悪癖にもかかわらず、羞恥心は少しでも残っているだろうか

言葉遣いや礼儀作法に限って売春婦を判断すれば、女性の備える最も美しい装飾物たる羞恥心は、彼女らには全く無縁な感情になっていて、さらには、その及ぼす影響力の痕跡さえも消失してしまっていると信じていいくらいである。だが、注意深く、かつ個別のケースにあたって調査してみれば、どんなに無軌道な売春婦でも、必ずしも常にこの感情を失っているわけではなく、少なくともその名残りくらいは残しているのも何人かいることに気づく。

警視庁の拘置所や監獄の共同寝室で、着替えの最中に見知らぬ人間が不意に入ってきたりしたら、彼

女たちはすぐさま服を着るか、組んだ手を胸に置くだろう。酔った挙句、着ている着物を脱がされたまま拘置所に連行されたとしても、こんな姿のままで彼女をむりやり取調官の前に出すことができるものなど何もないだろう。彼女は仲間から足りない衣服を借りるだろうし、仲間は仲間で、みな競って必要な服を貸してやろうとするだろう。

どうして彼女らは、男性よりも貞潔な女性や一家の母の前に出た時の方が、ずっと慎み深かったり、着ている衣服に大きな神経を払ったりするのだろうか。同性の人間に対するこうした配慮は何に起因するのだろうか。

人前で服を脱がなければならなくなった場合、顔を赤らめ、思わず本能的に目を隠そうとする売春婦も数多い。無料診療所では、特定の医師に執着し、その医師のいることがはっきりわかっている時間にしか来ようとはせず、たまたま彼の近くに見知らぬ人でもいようものなら、あからさまに不快感を表に出したりする。今から二〇年以上も昔、私は伯父キュルリエ(1)の講義を受講していたが、大勢の受講生を前にしての売春婦の病気の検査と診断が彼女らに与えた強烈な印象を、私は忘れることができない。売春婦たちはすべて一人の例外もなく――最も破廉恥なものまでも――、恥ずかしさで顔は真っ赤だった。彼女らは身を潜め、受けさせられるテストをまるで拷問のように受け取っていた。

売春婦が自身をどのように考えているかについて私の伝えたことは、上で述べたこと、すなわち、誰もが一致して認めているように、女性がどんなに正道から外れた道を歩んでいようと、その最も美しい装飾物となり、どこでも崇拝と敬愛の念を起させるあの数々の美質の痕跡は常に見出せるのだということから必然的に生じる結果を確証してはいないだろうか。

この二五〜三〇年来、パリの娼婦研究に携わってきた人たちは皆異口同音に、品位や節度——羞恥心と言ってもいいかもしれない——の面で、彼女らに著しい変化が生じたことを認めている。かつて彼女らが人前でみせていた生意気な口のきき方、横柄な態度、色っぽい視線などは、今日ではもう見られはしない。施療院、なかでも特に監獄での彼女らは、この点で大きく変貌している。わけてもこのような変化は、この一〇〜一二年で生じたことである。[2] 調査を継続し、さまざまな通達書や報告書を検討してみたところ、現在に近いほど、あの恥ずべき淫奔な場面の一部始終——パリ市内では、今ではもう非常に稀になっているが——に接する機会が少なくなっていることに気づいた。大革命中やその前までは、裸で道をぶらぶら歩いたり、また真昼間、そんな状態で踊っている女性が人びとの話題になっていることなどしょっちゅうだった。パリの売春婦の中でも、その度外れた自由奔放で恥知らずな生活態度、その気性の激しさなどで他のすべての売春婦のリーダーとなり、秩序と節度の保持を大層困難にしていた悪しき素行の女が五〇〜六〇名も数えられたというのも、今からまだ二〇年も経ってはいないのである。こうした娼婦は徐々に姿を消し、彼女らに取って代った売春婦は、もうこのような特徴を示してはいない。

こうした改善は、当局の細心の処置、絶えざる監視、粘り強い抑止と改善策のおかげである。一般的に言って、売春婦が売春という職に就いているのはほんの少しの期間であり、言ってみればそこにほんの立ち寄ったというだけだから、そのしきたり、習慣などは簡単になくなったり、忘れられたりしてしまう。したがって、いわば自由に、彼女たちに公けの礼儀を守らせたり、表面的には節度ある態度を示さざるをえなくさせることができるのである。

こうした考察は、行政当局を鼓舞し、とりかかった改善策を粘り強く続けていってほしいと思えばこそなされたのである。

二　売春婦のものの見方や性格

売春婦を特徴づける精神の軽薄さや移ろいやすさを摑みとるのはなかなか困難である。彼女らを一カ所にじっと止めておくことはできず、推理を働かせて彼女らを考察することくらい困難な仕事は外になく、ほんの些細なことで、彼女らは気をそらせたり、興奮したりしてしまう。こうした精神の在りようから、彼女らの先見の明のなさや、明日のことだけ考えて少しも不安感を抱かず、遠い将来の運命など全く関心の埒外といった態度も説明がつくのではないだろうか。[3] こうした結論を押し進めていけば、彼女らの過ちや不身持はこのような性格、一言で言うなら、精神のゆがみからくるものであり、それゆえ、良識のある人からすれば、彼女からの罪を大目に見てやることもできるのではないだろうか。

これらの不幸な女性たちには、しかるべき場所でじっとしていることができず、馬鹿騒ぎやドンチャン騒ぎなしではいられない移り気と興奮願望があるのだと言っていいかもしれない。これは監獄や施療院、果ては、悪徳行為と縁切りし、まっとうな生活に戻ろうと懸命になっている女性たちの収容されている施設《メゾン》にまでも見られる現象である。彼女らの饒舌ぶりがどこまで及んでいるかを示すなどとても不可能である。

この数年来、どう見ても、売春婦の心中にはある幸福な変化が生じたことを教えてくれているように思われる。例えば、今日では、もう昔のように、施療院の中での馬鹿騒ぎや反抗的態度や不服従の話題が耳に入ってくることはない。彼女らに秩序を取り戻させるのに、もう武力を用いる必要もない。これは明らかに、現在の諸規則の妥当性とその厳密な遵守によるものだろう。こうした女性を少しでも調査、観察した人であれば、概して、彼女らはどこにいっても常に同じであるが、時代によって、その風俗、習慣、欠陥部分などにさまざまな変化《ヴァリアシオン》があることが分る。ある時代にしごくありふれた違法行為も、別の時代には稀なものになったりするのである。社会、すなわち国民の一般的生活慣習が彼女たちの生活慣習をいろいろと変化させているのである。これは重要な考察であり、かつまた風俗及び公共の秩序保持の任にあたる人たちを勇気づけてくれる考察である。

上に述べた移り気、自由と自立へのこの情熱こそ、しょっちゅう引っ越したり、ある階層から別の階層へと移ったり、中の幾たりかは、同一の娼家に続けて五日と止まってはおれないというような事態を生じさせる源である。この落ち着きのなさと移り気は、精神的不安感の表われであり、かつ逃げ去る幸福をどこまでも追い求めていこうとする明白な証拠ではないだろうか。本書後半を見れば、一八一七年当時では、売春婦は一週間か一〇日毎に、時にはそれ以上頻繁に、拘束されない自由な娼婦から、悪所の経営者の監視を受ける娼婦の身分（またその逆も）へと移るという移動癖を緩和するため、当局がいくつかの措置を講じざるをえなかったことが納得できるだろう。これは文書や行政上の手続きを山のごとく増やし、しばしば執務に混乱をもたらす因となっていた。したがって、娼婦が別の場所に移るには、現在いる場所に少なくとも二五日間は止まっていなくてはならないという規制が必要となったのだった。この件については、行政警察を問題にするところで、詳しく検討することにする。［……］

三　売春婦は仕事の合間の余暇をどのように使っているか

この問題については、売春婦の属している階層により、またある点までは、それぞれ個々人と同じ数だけの違いがあるに相違ないことは、容易に理解できるだろう。しかしながら、ここでは、彼女たちをもっぱら全体として捉えながら、この問題について少しばかり意見を述べてみたい。間違いを恐れずに言えば、一〇人中九人までが、全く何もせず、余暇を無為と怠惰の中で過しているとと断言していい。

もう少し上の階層の女たちは、朝は遅く起きて風呂に入り、一杯飲んで食事をとり、自分のベッドか、それともどこか適当な籐椅子に飛び込んだり、あるいはそこでのんきに眠ったりする。夏ともなれば、やおら散歩へと出かけていく。

他の女たちはと言えば、居酒屋に入っていったり、娼家の戸口にたたずみ、先の女たちと同じように、飲んだり食べたりし、悪所に足繁く通ってくる素性の知れぬ人間たちとおしゃべりしたりしている。暇のつぶし方を心得ている最初の範疇の女たちは、刺繍や服の仕立物をしたり、化粧道具や造花をつくったりする。なかには読書するものもいるが、その数は非常に少ない。楽器のひけるものとなれば、さらにこれより少なくなるが、それでもちらほらと見受けられる。

第二の範疇の女たちは、いろいろな職に就き、いくつかの作業場で働いたり、街頭で物売りになったりするが、一般にはこの物売りを好むことが多い。

数は非常に限られているとはいえ、読書に熱中するものもいることは上で触れたところだが、たいていの場合、彼女らの読む本は、おとぎ話や恋愛小説、なかでも特に心を激しく揺さぶる悲しい場面の出てくる小説の類が多いということを知っても、驚く人はいないだろう。ただ不思議なことは、若者が夢中になって探し廻り、そして彼らの多くを腐敗堕落の道に引きずり込むあの卑猥でみだらな書を手にした彼女らを目にするような機会はほとんどないということである。無料診療所のある一人の医師は、この種の本を手にした売春婦を見たのは、二〇年間のうちでたった一、二回だけだったと述べている。実際、この種の書物が彼女らに何を教えてくれるというのだろうか。飽満は、全く別の状況なら、強力な刺激となるものを色あせた単調なものにしてしまわないだろうか。

どの階層であれ、売春婦は皆踊り好きである。彼女らはパリ市門の外側地帯近辺や隣接する村々に、お好みのダンスホールがあり、しょっちゅうそこに足を運び、そこで自分と同じ階層の、したがって自分とぴったりの男性と巡り合うことになる。

彼女らは単純なゲームを好むが、何といってもそれはロト〔番号合せゲーム〕である。ロトで何時間も遊んでしまうことなどしょっちゅうである、と視察官は話してくれた。監獄では、ロトは彼女らの最もお気に入りの娯楽の一つである。

パリはこの上なくコントラストのはっきりした都市である。大多数の売春婦が商売に精出すのは夕方からであるが、なかには朝から晩まで一日中従事しているのもいれば、一日の決った時間帯にしかしないものもいる。自宅を持っているような娼婦は、贔屓のお得意さんをこしらえているから、客をとるのは午前一〇時から午後四時までの間だけである。この時間を過ぎると、戸を閉め、特定の愛人と連れ立って、一晩中ダンスホールや劇場を巡り歩くことになる。

娼婦がこしらえているこれらの顧客については、実に興味深い例がある。ある娼婦は顧客全員の健康を保証していた。そのために、彼女は皆互いによく知っている既婚の男性しか受け入れようとはしなかった。客は数人の常連客の紹介と、四〇～五〇人にもなる残り全員の同意を得た上で、はじめて彼女宅への出入りが認められた。妻を亡くしてしまった男性は、再び独身者のクラスに戻ることになり、会の規約により、もはや娼婦の寵愛を受けることはできなくなるが、再度これを得るには、以前よりはるかに高い代価を支払わなくてはならなかった。[4] こうして、低い身分から出世し、あらゆる障害を物ともせず、特別な地位にまでのぼるには、ある種の才知と大いなる才腕の必要なことは簡単に理解できるだろう。しかし、どんな職業をみても、天才などほんの少数であり、売春婦の職とて事情は同じである。不意にあらわれ、高い地位に就いたものが二、三人いたとしても、ただもう平々凡々たる仕事にかかわり、最下層の地位に甘んじ、貧困と最も卑賤な生活の中に一生を終えていくものの何と多いことか！

四　売春婦の大多数がつけている偽名

［……］こうした変名とか、ごてごてした装飾の多い名前については、多くの娼婦が進んで、それをつけた方がずっとわかりやすい源氏名とか仇名とかをお互いにつけ合ったり、また仲間から受け取ったりしていることを指摘しておかなくてはならない。これらの名前――私はそれを念入りに書きとめておいたが――は、売春婦の属している階層に応じて大きな相違があり、その名前を知っただけで、彼女らが足繁く訪れている社会がどんなものか、読んでいる本は何か、どんな教育を受けてきたか、言い廻しにどんな意味を与えているかなど、おおよそ摑むことができる。こうした異名の中でも、出くわす機会の最も多かったものを、以下二つの欄に分けて対比させてみよう。

売春婦が名乗る源氏名

下層階級	上層階級
ルースレット〔洋ナシ〕	アルミド
モン＝サン＝ジャン〔地名〕	ツエルマ
ラ・クルティーユ〔小庭〕	カリオプ
パルフェット〔申し分ない女〕	イルマ
コレット	ゼリー
ブーロット〔ずんぐり女〕	アマンダ
ムレット	パメラ
ラ・リュエル〔小路，閨房〕	モデスト
ラ・ロッシュ〔岩〕	ナタリー
ココット〔めんどり〕	シドニー
ポアル＝ラ〔短髪〕	オランプ
ポアル＝ロン〔長髪〕	フロール
ラトン〔小ねずみ〕	タリー
バケ〔桶〕	アルテミーズ
ラ・ピカルド〔ピカルディー出〕	バルザミイヌ
ラ・プロヴァンサル〔プロヴァンス出〕	アルマンド
レスパニョル〔スペイン女〕	レオカディ
ベル＝キュイス〔きれいな腿〕	オクタヴィ
ベル＝ジャンブ〔きれいな脚〕	マルヴィナ
グロス＝テート〔大頭〕	ヴィルジニィ
ラ・バンカル〔がに股〕	アゼリナ
ラ・ブロンド〔金髪〕	イスメリー
クリュシフィクス〔十字架〕	ロドイスカ
ル・ブフ〔頑健な女〕	パルミール
ベニエ〔揚げ菓子〕	アスパジー
ブリュネット〔褐色の髪〕	リュクレス
ブーケ〔花束〕	クララ
ルーション〔やぶにらみ女〕	アンジェリナ
プロトン〔小さい糸〕	フラヴィ
ロジエ〔ばらの木〕	セリーナ
フォー＝キュル〔腰当〕	エメリー
ミナルド〔可愛い女〕	レーヌ
フュジ〔鉄砲〕	アナイーズ
ブルドヌーズ〔ブンブンうなる女〕	デルフィーヌ
コカルド〔リボン飾り〕	ファニィ

〔下層階級の売春婦の多くは、地名や身体の一部や物の名をもじってその名としているのに対し、上層階級のそれは、単にゴロがよく、耳に心地よい、上品な実際の名を借用していると言っていいかもしれない。——訳者〕

上記リストに他の名前をさらに数多く付け加えることはできるだろう。がしかし、所期の目的には、上にあげたリストで十分であろう。ただここで一言言い添えておけば、大部分の売春婦は、自分の名に愛人の名を付け加えている——特にそれが響きがよく、耳障りでなく、自分の名とぴったり調和するような場合には——ことである。変えられたと思われる名の大部分はこのようにしてつくられたものである。

五　売春婦の不潔ぶり

売春婦の特徴の一つ、それは肉体であれ衣服であれ、清潔さへの配慮という点で、全くびっくりするくらい無頓着だということである。この定義から外れる例外など、ほんの少数とみなしていい。これらの女は、汚濁と汚物まみれで喜んでいると言ってもいいくらいだ。外見を美しく飾ってくれるものや、身をつつむ衣服だけが関心の的であり、その外のものについては、全く関心の埒外である。

ところが、なんらかの事情で、もはや客と性的関係を持たなくなり、彼らの視線にさらされることもなくなってしまうと、ぼろ着を着ていようと、さらには、そんなぼろ着さえ一着も持っていないことにも、彼女らにはどうでもいいことになってしまう。純白の下着を入手したいという欲求も示さないし、今持っている下着を洗濯することさえ、しようもないぎりぎりの極限までできた時にしかしようとはしない。こうした極端なまでの不潔ぶりは、娼家に住み、身づくろいや優美さにかけては、社会が呈示している最も洗練されたものとしばしば覇を競っている娼婦にとりわけ指摘できるのである。こんなことは驚くに値するだろうか。彼女たちは、売春婦の中でも一番貧しく、収入も一番少ない連中なのである。

〔……〕

六　売春婦には特殊な隠語があるだろうか

パリの売春婦はすべて、彼女らだけに特有の隠語または仲間だけに通じる特殊な言葉を持っており、これらを用いて、生涯のある時期を監獄で過してきた泥棒や常習のペテン師と同じように、相互の意志疎通をはかっていると言われてきた。このことは、一見非常に学のありそうないろいろな人たち、なかでも特に性病患者救済院の生徒らがはっきりと私に断言してくれたので、私もこの問題についていささか情報を得なくてはと考えたのだった。以下、その結果を記しておこう。

娼婦が特別な隠語を持っているというのは間違いである。けれども、仲間内で用いる彼女ら固有の表現――ほんの少数だが――がある。例えば、風紀取締局の捜査官はラーユ〔軌条《レール》〕、警官はフリック〔でか〕、可愛らしい娼婦はジロンドとかシュエット〔ふくろう〕、醜い娼婦はルービオン、情婦をラルグ〔盗人の妻〕、情夫をパイヤッソン〔おべっか使い〕などと呼んでいることである。

これらの表現はみな、売春婦の生きている時代とともに変ったり、入れ替ったりしている。今から三〇年程前は、パイヤッソンはマンジュール・ド・ブラン〔売春で食っている男〕だった。さらに、一七八八年当時では、オム・ア・カリテ〔いい男〕と呼ばれ、さらにその数年前では、グルリュション〔若いつばめ〕であった。たぶん、時代をもっと遡れば、同じ意味を表わす別の言葉がいくつか見出せるに違いない。

泥棒連中と意を通じ、売春業にすがっているのも、ただその本当の商売を隠すためだけのような売春婦に関して言えば、彼女らが悪事の手先が使うのと同じ言葉遣いをしていたからといって、驚くようなことではないが、だからといって、それが売春婦のしている言葉遣いだとは言い切れないだろう。

七　売春婦に特有の悪癖

こうした悪癖の中では、何を措いても真っ先に、大食癖とブドウ酒や度の強いリキュール酒への愛飲癖とを挙げなくてはならない。

彼女らの大食漢ぶりと貪欲さといったら、並大抵のものではない。しょっちゅう何かを口にしており、同世代の三、四人分にも相当するような量を食べてしまうような売春婦もいる。安食堂とか、これよりは少しましな場所で、彼女らと勝負事にうち興じている素行悪しき男どもと交わるうちに、こうした悪習を身につけてしまう——それも属する階層に応じてであるが——のである。

強いリキュール酒への愛飲癖も、程度の差こそあれ、しごくありふれた現象とみなしていい。早い時期からこの習慣が身についてしまい、ついには極度の痴呆状態にまで陥ってしまうものも幾たりかいる。入手したどの資料からも、一度彼女らが飲み始めたら、酔い潰れるまで飲まずにいられぬことがわかる。知らぬうちにその習慣が身に染みついてしまい、ほんのわずかな期間で、貞淑な女性に戻ることが全く不可能になってしまうほど強固なものとなってしまう。多くの場合、この飲酒癖こそ、慈善家の御婦人方がいかように努力しても、その実を結ばぬものであった。

すべての売春婦に作用しているこの基本的原因に付け加えて、これよりさらに強力であるが、売春婦の中でも最下等の、最も数の多い階層にのみ特有のもう一つの原因も挙げておかなくてはならない。一般大衆、わけても兵士や水夫は、経験から、強いリキュール酒の過飲は梅毒を悪化させる因であることを心得ているから、羽目をはずしてまで飲まぬような売春婦は病気で節制しているのだと考えてしまう。したがって、女に酒を飲ますのは彼女の健康状態を確認するためであり、それゆえ、このような酒宴では、飲めや歌えの乱痴気騒ぎにけっしてブレーキをかけようとはしない。こうした生活を続けながら、日に二、三人の男性と渡り合っていかなくてはならない不幸な女たちの置かれた状態を考えてみるといい。わが家にも辿り着けず、教会の階段や、馬車の出入りする正門の下で眠りこけていたり、広場や道路の真ん中で倒れている彼女らの姿をしばしば目にするのもそのためなのだ。まだかすかにでも理性の残っているものは、衛兵隊詰所に入り、そこで一晩やっかいになるのである。

これよりはいささか程度の高い階層の女はというと、こんな不節制な生活を続けていれば、客は永久に離れていってしまうことを知っているから、めったに酔いつぶれたりはしない。とはいえ、彼女らもまた、すべての売春婦がお気に入りのリキュール酒であるパンチ酒は大いに愛飲している。同じく、シャンパン酒も大好きな酒の一つである。

以上のことから、多くの売春婦の示す独得なしわがれ声も、強いリキュール酒の過飲によるものだとしたのも理由のないことではないことが容易に納得してもらえるだろう。

虚言癖も娼婦にはしごく当り前のことであり、それは彼女らが送っている常に見せかけだけの窮屈な立場と、世間が彼女らについて持っている見解——彼女らはこれをよく承知しているのだが——とから生じたものである。父親の権威から逃れようとするものもいれば、司直の追跡を逃れようとするものもいる。また、処罰されてしかるべき過失を隠そうとするものもいれば、明白な証拠があるのに、視察官や行政当局の不当ぶりを必死に証明しようとするものもいる、といった按配である。どこに行こうと敵の姿しか目に入らず、またその敵から逃れることのできない彼女らは、ただひたすらその目を欺こうと必死になり、ついには、本当にどうでもいいような些細なものまで故意にねじ曲げてしまうことになる。それゆえ、彼女らの提供する情報の利用には慎重でなくてはならないし、その情報も、事実が明らかになるまでは、怪しいものとみなさなくてはならない。しかし、嘘などついても簡単にばれてしまうものであり、まして年若い娘となれば長時間隠しおおせるものではない。年長者や、この道に入って長年月を経た古株については、事情はまた別である。彼女らの人を欺き、本心を偽る術と言ったら、想像もできぬほど巧妙であり、何か手に入れたいものがあれば、何カ月でも隠し通せるだろう。慈善活動に情熱を注ぐ上流階級の御婦人方も、教化活動を始めるにあたり、こうした性格が一体どれほどのものなのか、多大な労力を払って学び取ったのだが、これには、物質的援助を得ようとして、改悛の情をみせたり、まっとうな道に戻りたいという素振りをみせるすべての売春婦に対して、長期にわたる調査と厳しい試験を課さなくてはならなかったのである。

怒りの爆発も、この女たちにしばしば生じる現象で、こうした状態の彼女らと言えば、全くびっくりするくらいの肉体的、精神的活力《エネルギー》を発揮する。その強烈な気質と言い廻しの独創性によって、市場の人足たちやその他の庶民階級の人びとの雄弁さとも異なる、この階級の女にのみ特有な雄弁さを示しているのは、まさにその溢れんばかりの多弁ぶりである。このような状態になった彼女らは、しばしば殴り合いとなり、死闘を演じて、時として重傷を負うことにもなる。監獄付きの医師たちは、この二〇年間で、このような負傷者のうち一二名もの人間がついには死に至る有様を目にしてきた。この研究を見ていけば、こうした憤怒や、しばしば、ただちょっとしたえこひいきとか、醜い叱責の言葉とか、その他、他愛もないような理由でかき立てられた嫉妬心に帰すほかない激怒のしごくありふれた原因を知ることができるだろう。この面で見ると、売春婦は年齢一二歳ほどの子供よりもはるかに幼い人間だといえる。(5) 彼女らはまた、臆病者とみなされることに我慢できず、侮辱を受けて何の仕返しもできないのは沽券にかかわることと思っている。

この種の喧嘩で普通使われる武器は足と手だけだが、時として刃物が用いられることもあり、なかでも好んで用いられるのが髪をすく櫛である。六リヤール硬貨でつけられた五、六カ所にも及ぶ深い切り傷を見たこともあった。

非常に重大な決断をもたらしかねないこのような怒りや激高も、彼女らにとってはほんの一過性のものに過ぎず、後に挙げる二、三のケースを別にすれば、和解もあっという間になってしまう。

ここではごく一般的にしか話せないことは納得してもらえるだろうが、さらにこの研究を続けていけば、売春婦の風俗、習慣というこの分野についての不足部分を補って完全なものにしてくれるその他の詳しい細部を知ることができるであろう。

八　売春婦の美点

売春婦特有の性格の一つは、悲嘆にくれたり、逆境に置かれた際に、互いに救いの手を差し伸べ、助け合おうとする互助精神にある。もし仲間が病気にでもなったりすると、他のすべての女たちはたちまち心を痛め、われ先にと必要なあらゆる支援の手を差し伸べようとし、そして病院へ送ってやったり、定期的に見舞いに訪れたりする。

監獄では、出所予定になっているのに着る物一枚もない裸同然の女に対し、着物や靴を与えてやろうと、どれほど熱心に募金運動がなされているか見てみるといい。彼女らは自分の必要なものさえも進んで手放そうとするのだ。たとえ助けてやろうとする相手が、それまでに幾度も彼女らを裏切ったことのある人間だったり、助けた相手から感謝の気持ちが期待できないことがしばしばわかっているとしてもである。

売春婦の性格のこうした特色は、彼女らすべてに共通する確かな事実である。おそらくそれは、彼女らに常につきまとい、自身を世界中から見棄てられた人間とみなし、同情の念など同じ仲間からしか期待できないと思わせてしまうあの内的感情に起因するのだろう。

持っているものは何であれ惜し気なく与えてしまうこの寛大な性格は、しばしば自分と違う階級に属していても、金に困っているとわかった人間には誰彼の区別なく、救いの手を差し伸べさせることになる。苦しい時期にあっても、一週間に一度、時としては一日に一度までも、老人や不具者、あるいは近隣の多くの家庭に、一片のパンを分ち与えていた多くの売春婦の実例を挙げて指摘してくれた人もいた。一日の賃仕事では両親の食費すらまかなえず、夜の売春でもたらされる金で、ようやくその不足分を補っている娼婦たちについては、すでに本書で触れておいた。私はいつも、この種の売春婦はかなりの数にのぼると教えられてきたが、その正確な人数というと、どうしても把握することはできなかった。

相互扶助の精神からと、同時にまたたぶん他の仲間たちからぶたれるのではという不安感からだろうか、彼女らは驚くほど忍耐強く、売春婦に関する一切について固く口を閉し、密告なぞけっしてせず、

相互の秩序をしっかりと守っている。［……］

　これまでいかなる事実をもってしても否定できなかった観察結果とは、娼婦がひとたび妊娠するや、仲間たちすべてから手厚い思いやりや気配りの対象となることである。しかし、こうした配慮や好意のしるしが倍化したり、さらに一層増したりするのは、なんといっても出産時と産後である。誰もが競って赤ん坊の肌着を洗ってやったり、母親に対して何くれとなく世話をやいてやったり、自分に必要でなくなったものは何でも惜し気なく与えてやったりする。子供が大きくなっても子守りが見つからないなどということはけっしてない。子供はみなから引っ張りだこで、われ勝ちに抱こうとするからである。それはもう、母親ですらわが子を自由にできないという有様である。

　子供を手元に置いて育てているのは、特に下層の娼婦に顕著と言われている。それはたぶん、施療院や監獄で普通目に入ってくるのはこの種の娼婦ばかりであり、観察できるのもこれらの娼婦だけだったという理由によるものだろう。いずれにせよ、この点について、揺がぬ確かな事実があるが、それは、子供を守り育てていこうとする気持ちが、まだ売春婦という状態に追いやられていない未婚の母や、さらに、言いにくいことであるが、多くの既婚女性や家庭の主婦たちよりも、子供を産んだ売春婦の方がはるかに強いということである。こうした特徴は、当然のことながら、置かれているそれぞれの立場から説明がつく。娼婦はわが子を育てながら、自ら立ち直っていく。ところが、未婚の母は同じ行動をとっても、恥の感情をあらわにするばかりで、こうして結局のところ、苦境を切り抜ける方策をすべて失ってしまうことになる。以上のことは、娼婦にとって疑いもない事実であり、したがって、彼女らは子供の世話もできない女性を軽蔑したり、告発したりし、また前述したように、親としての義務を果すことにある種の栄誉と誇りを抱くことにもなる。

上に述べたことから、わが子であれ、養子であれ、預けられた乳飲み子であれ、売春婦がそうした子供らに与えるさまざまな心配りや注ぐ愛情のどれをとっても、彼女らに勝る乳母は、おそらくどこを探してもみつからないということになる。ある売春婦は生まれて一カ月あまりの幼いわが子を亡くしてしまったため、悲しみのあまり気も狂わんばかりだった。捨て子をもらい受けることで、彼女はようやくその痛手から立ち直れたのだった。部屋住みのもう一人の売春婦は、派手な喧嘩が原因でラ・フォルス監獄送りになったが、子連れの入監は認められなかったため、子供を施設に預けて行かざるをえなかった。彼女の受けた痛手はあまりに大きく、日に日に衰弱が激しくなったため、彼女を救おうと、留置期限前の釈放の嘆願が警視総監に出されたほどであった。

九　売春婦の愛人とヒモ

多くの乙女にとって、恋情《パシオン》の自由奔放ぶりやその激しさが売春の根本原因であるが、この不幸な娘たちが、いったん新しい職に身を投じるや、金銭の誘惑、多くの場合飢餓感から、惜し気もなくふりまいているやさしい言葉や仕草の下に、不快感やはっきりわかる嫌悪感が隠されていないにしても、近づいてくる人間すべてに対し、冷淡で無関心な態度を示すようになるのは確たる法則とみなしてもいい。したがって、彼女たちが一人の男性に格別の愛情を持ち、こうすることで、彼女たちの過している生活が必ずその心に残すに違いない大きな空虚感、人びとから浴びせかけられる嫌悪感、その心につきまとって離れない悔恨の情の埋め合わせをしようとする姿に接したとしても、驚いたりしないようにしよう。

大多数の売春婦には特別な愛人がいると仮定して——どこからみても、それは疑いようもない事実だが——、ではまず最初に、これらの愛人が社会のどんな階級に属しているのかを考えてみよう。

これらの人間の社会的地位は、売春婦自身が身を置く社会的地位と同じくらい多種多様であろうことは容易に理解できるだろう。彼女たちが監獄や施療院で受け取った手紙、当局に提出された異議申立書は、これらの愛人の中には、単に身分の高い人間というだけでなく、家柄や社会での地位からみて、この種の事柄に関係しているのを知って、思わずびっくり仰天させられるような人間がいることを明らかにしている。そこには将軍や文士、貴族や財界人、果ては現今社会の最も低い身分の人間に至るまで、ありとあらゆる階級の人間の姿がみられるのは周知のことである。これらの手紙を読んでみると、われわれが日常出くわしたり、その噂がしばしば耳に入ってくるような人物が、恥も外聞もなく、そうした手紙に署名できることなどとうてい理解し難いところである。時として、彼ら自ら警視庁に出向いて、女の身柄を請求し、彼女らを弁護し、役所と真っ向から対決して、その正当性を主張したりすることもある、などと述べてはたして信じてもらえるだろうか。このことは特に、一八一七年、ある階層の娼婦に、伝染病予防措置を受け容れさせせようとした際に目に止った出来事だった。今日では、こうしたケースは数少なく、またそのようなことが生じたりしたら、必ずや人びとの注目の的となるであろう。

通常、売春婦の中でも最上層に属するものは、法科の学生、医学生、青年弁護士などから愛人を選んでいる。これらの青年の身に備えた教育、とりわけ高い教養のもたらしてくれる心地よい快楽こそ、普段から上流社会人としか交際せず、自身もいくばくかの天与の知性で人目を惹くことのできる売春婦が彼らを求める理由となっている。しかし、娼婦全体からみた場合、この階層を構成する娼婦の数は微々たるものでしかない。

中間層の売春婦が愛人を見つけてくるのは、あらゆる種類の店員たち、なかでも特に仕立屋――この両者とも、パリでは非常に数が多い――からである。この二つに、装身具細工師や金銀細工師と並んで、かつら師、旅廻りの楽士、安酒場の主人などをつけ加えてもいいだろう。

他の売春婦はと言えば、みなあらゆる種類の職人たち――ありとあらゆる人間の寄り集う場所、とりわけそこに姿をくらまし、どこに行っても知れ渡ってしまっているから、自身にとって存在しえない自由を享受しようとやって来る、大都会が隠し持っているあの悪人連中たち――に身を委ねている[6]。

売春婦の生活で最も考察に値する一件は、彼女らがこの愛人に抱いている度外れた愛情と、これを繋ぎ止めておこうとして払っている涙ぐましい努力である。金銭的には愛人からビタ一文も受け取っていないのみならず、彼女らの実に多くが、その商売で得た金で、彼らを食べさせ、服を買い与え、養っている。パリに住む青年の多くは、これ以外に生活手段を持たないのである。なかには、時として、後悔の念に苛まれつつ、このように堕落した生活に転落していく若者の姿が見られなくもない。

娼家を経営している女将宅に住み込んでいる娼婦は、たいていの場合、そこへ入るにあたって、この愛人がけっしてないがしろにされないようないくつかの条件をつけようとする。例えば、週に二、三回、または四回まで、愛人の入室を認めることとか、男の身分や娼婦の階層に応じて無限に異なるその他さまざまな特権が取り決められることである。この愛人が一切の金銭の支払いを免除されていることはもちろんである[7]。

一般的には、こうした男たちは、悪所を経営する女将の嘆きの種だといえる。がしかし、女将はこれを甘んじて受け容れなくてはならない。というのも、彼らがいなければ、娼婦は手に入らないのだから。抱えている娼婦が施療院や監獄を出所して戻ってきた場合、多くの場所では、その時、彼女が愛人と一緒に楽しめるようにと、二四時間だけ自由な時間を与えてやるというのが慣例になっている。しかし、この時間が過ぎれば、商売用語を借りれば、おうちのために働かなくてはいけない。

愛人に対する売春婦の激しい――すさまじいと形容してもいいだろう――執着ぶりについては、上に述べた通りである。彼女らの持つ風俗や習慣の特異性については、留意してしかるべき問題である。

無知で粗野な下層の売春婦については、叱られ、罵言を浴びせられ、虐待され、殴られ、傷を負わされ、挙句に命をおとしかねぬ状態にされたりしても、なおかつその気持ちはいささかも揺らぎはしない。私は泥酔状態の愛人から受けた殴打で、目の玉は飛び出、顔面血まみれになり、身体の至るところ傷だらけの売春婦が、施療院にやってきたのを目にしたことがあるが、そのような状態にされても、傷が治るや否や、愛人とまた一緒に帰っていくのだった。

一人の売春婦は、泥酔状態でパリに帰ろうとする愛人を目にして、監視していてやろうと、遠くからその後についていった。彼が溝に落ちたのを見て、急いで駆け寄り、彼を助け起してやったが、彼の狂気から逃れたくて、彼女はすぐさま近くの分署に通報してしまった。翌日、彼女は拘置所に彼の身柄を受け取りに行ったが、そこでもうすでに彼が移送されてしまったことを知ったのだった。

別の一人は、ナイフを手に彼女の鏡や家具、さらに彼女の持っているものすべてを破壊している愛人を制止しようとしたのだが、逆にそれがこの狂人の怒りを買い、今度は当の彼女が追い廻される羽目になり、四階の窓から飛び下りて、ようやく絶体絶命の窮地から脱出できたという有様だった。彼女はこの転落事故で負った傷が癒えると、再びまたこの同じ男と戻っていったが、その六カ月後、彼女は再び、パリ市門外側地帯のある一軒の酒場で、窓から飛び下りなくてはならない羽目に追い込まれたのだった。今度は腕を骨折し、デュピュイトラン氏(8)の治療を受けることになったが、そんなことがあってもなお彼女は、このように風変りな仕方で愛情を示すこの男にすがり続けたのである。私はその詳細を当の女性本人の口から聞いたのだが、私の得た情報からも、彼女が真実を述べていることは明らかであった。

彼女らの想像力の高揚ぶりがはっきり認められるのは、特に監獄から出された手紙からである。そこにはみだらで卑猥なところなど全くない。ただもう、愛の誓いの言葉や、多くの場合、激しい口調で述べられた非難の言葉ばかりである。というのも、この不幸な娼婦たちは、自ら捧げた愛情に報われたことなどめったにないからであり、さらには、勾留期間が長期にわたると、たいていの場合、新入りの口から、同業の仲間の誰それが彼女らの地位に取って代ってしまった事実を知らされるからである。普通は観念してしまうのだが、時として、彼女らの地位を奪い取った仲間の女を殴りつけ、復讐心を満たすのもいないわけではない。また中には、当の愛人に殴りかかる女もいる。怒り心頭に発した一人は、一日中愛人をつけ廻した挙句、ナイフを手にして彼に襲いかかり、腕を突き抜け、肺にまで及ぶ一突きを加えたほどだった。

ご執心の男から思うように手玉にとられるという売春婦へのこうした支配力は、時として、男の要求が想像をはるかに越え、一種の専横に変化することもある。ここでは、泥棒や素行の怪しい連中と親交を結んでいる最下層の女だけを取り上げておこう(9)。上で述べたように、この男たちは単にものにした女から衣食の世話をしてもらっているだけでなく、絶えず彼女らの監視もしているのだ。女がいつ三〇

～四〇スーの金を稼いだかなどちゃんと承知しており、すぐさま酒場までやって来させて、一緒にそれを残らず散財させてしまうのである。もしこれを拒否しようものなら、情容赦なく殴打の雨が降り注ぐことになる。そのような仕打ちを受けてもなお男と離れられないとしたら、それはもはや愛情からではなく、別の男に鞍替えしたら、手ひどい傷を負わされ、生命まで奪われかねぬ事態を招くこと必定だからである。

［……］ここで、売春婦の風俗に関する話の中では、非常に重要なある問題について触れずにすますわけにはいかないが、ただそれを論ずるに際しては、慎重な上にも慎重にという配慮が必要である。人間本性に反する、ある変態的嗜好が、売春婦に同性の人間から選ぶように仕向けるあの愛人について、以下に触れてみたい。

留置場ではしごくありふれたあの胸のむかつく恐るべき結合〔マリアージュ〕――ほんの少数の囚人のみが、かろうじてその魔の手から逃れられるほどである――は、売春婦においても、多くの人が信じているほど頻繁に認められる現象であろうか。この点について、置かれた立場上、いささかなりとも観察することのできたすべての人の口から私の収集できた情報は、次の通りである。

この悪習に染まった娼婦の数に関しては、はなはだしい意見の相違があることに気づいた。ある人は、売春婦のすべてか、ほぼ全部が、程度の差こそあれ、この悪習に身を委ねていると言っているかと思えば、別の人は、そのような女の数はごく限られたものだと断言してくれたのだった。このように相対立する見解は、そのどちらを採ってみても、ただある種の曖昧な感じとか、漠然とし、ほんの偶然手に入れたというような資料を基にして出来上がったものであり、この問題の真相を明らかにしたいという確たる目的意識を持ち、かつ一定数の観察記録に基づいて行なわれた研究作業を基にしているものではけっしてない。

　このように相対立する見解の生じた原因の大部分は、売春婦の誰一人として、問題の悪習に身を染めているなどとけっして認めようとはしないことに帰せられるだろう。というのも、そうした質問をされると、彼女らは激しい口調で、かつ、いらいらした様子でこう答えるからである。「あたしの身体は男のためだけにあり、女のために役立ったことなぞ一度もないわよ[10]」、と。とりわけ施療院や監獄で始終彼女らを観察できたすべての人たちは[11]、彼女らはこれに関しては完黙を保ち、自身にとっても、またこの悪習に習慣的に身を委ねている仲間の女にとっても、これを恥ずべきものと感じ取っていると、私にはっきり断言してくれた。罪人だけが、獄中で、ありのままの姿を進んでさらけ出すのである。

　普通、同性愛者《レスビアン》[12]――この人間本性に反する嗜好で皆の注意を惹く女を、人びとはこのような名で呼んでいる――は、他の売春婦から軽蔑されたり、いい目で見られてはいない。人によっては、顔を合わせないようにしたり、避けたりしようとするほど、ある種の恐怖心を抱かせる存在である。監獄で催される集会とか、二人きりの差し向かいの時でも、彼女らには非難や嘲笑は浴びせられず、それとなく婉曲的な言い廻しで述べられるのが常である。下卑た言葉で罵りあう口論の最中でさえも、彼女らはこの面では一定の自制心を保っている。ただ、時として仲間を売ることなきにしもあらずだが、それは嫉妬に駆られたり、復讐心を抱いた場合だけである。しかし、そのようなことはめったにみられない。

　公認の娼家を経営し、ここで問題にしている悪習に染まったある女は、惚れ込んだ可愛らしい娼婦を自家に引き入れようとしたことがあった。娼婦の言うには、与えられる安楽な生活や、女将の惜しみなく与えてくれようとするありとあらゆる種類の快楽に後ろ髪をひかれながらも、ただ一つ、このレスビアンという理由から、そこを出ていってしまった。

泥酔と形容していいくらいしたたかに酔っ払った下層階級のある売春婦が、自分の欲望に応じようとしない仲間の一人を、むりやり力ずくで従わせようとしたところ、門衛が仲裁に入らなくてはならないほどの大騒動を娼家に起してしまった。娼家の娼婦たちはこぞって、やって来た警察官に、この女を猥褻犯(13)として訴えたのだった。

私に情報を提供してくれた人たちは、売春婦がこの悪習に身を染めるのは、特に悪所の女経営者のところだと考えているが、彼らはその理由として、売春婦に与えられる豊かな食事、彼女らの送っている無為な日常生活、相互に交す日常の会話などを挙げている。だが、その他細部に立ち入って詳細に調べてみると、こうした原因が影響していないわけではないが、それが影響しているのはほんのわずかな売春婦だけであり、この悪癖の源はもっと別のところに求めなくてはならないことが明らかになった。

売春婦の主だったいくつかの趣味や性癖が十分に観察できる唯一の場所である監獄内部で繰り返し何度も行なわれた観察によると、レスビアンのほぼ全員が、身を拘束されてはいないフリーの娼婦に属しており、そして、この悪習の面からみて、他の女性を退廃の道に誘う傾向の顕著な娼婦のほぼ全員が、一般の刑務所に数年間収監されていた体験の持主であることがはっきりと証明されている。

事実、この恥ずべき悪習が一般に最も大きく広がっている場所は、監獄、わけても女子監獄であり、留置期間が一年半か二年を越えた場合、この悪習に抗しきれる女囚はほんの僅かしかいないという事実を知らぬ人はまずいないだろう。売春婦がこの種の放蕩に溺れるのは、二五〜三〇歳頃からで、かつ六年から八年、あるいは一〇年という長年月客商売にはげんだ後――でなければ、監獄にしばらく入っていたか――からである。年若い娘や、売春という稼業に就いてまだ間もない新参者に、こうした性癖を持つものがいるとしたら、それは彼女らが自ら求めてそうなったのではなく、その道へ誘い込んだ他の売春婦の犠牲者であるとみなしていいだろう。老いた売春婦では、レスビアンでないものなどほとんどいない。彼女らは最後には男を憎悪するようになり、泥棒やこの世で最も卑賤で下劣な連中の仲間になってしまうのである。(14)

ここで注目すべきは、こうして結びついた二人の間には、年齢や魅力という点で、しばしば極端な不均衡があること、さらに驚くことには、一度親密な関係が出来上がると、相手により大きな執心ぶり、より激しい愛情を示すのは、普通、若さと魅力に勝る女の方だということである。

こうした執心ぶりはどうしてなのか。また、このような関係はどのようにしてつくられるのだろうか。私は監獄でレスビアンがやりとりした手紙を入手したことがあるが、それはいつも、恋人同士に特有な気取りのない表現を含んだ、すべてに想像力の激しい高まりが認められる小説じみたものばかりだった。この点で、目にした中で最も興味をそそられたのは、同一の女性による別の女囚に宛て出された一連の手紙であった。その最初の手紙には、曖昧で遠廻しな、また非常に控え目な文体で、恋の告白が述べられていた。二番目の手紙はこれよりずっとざっくばらんな調子だった。最後の方になると、燃えるような言葉を使い、熱烈な抑え難い恋心が吐露されていた。

普通、教育が欠如していると、豊かな教養を前提とした人間相互の親密度を深めるやり方は採れぬものである。時代遅れの女とか、時には老女までが乙女の心をひきつけ、本当にびっくりするようなやり方でこれを手なずけてしまうのは、もっぱら優しい言葉を浴びせ、なにくれとない心遣いや思いやりをかけ、ありとあらゆる細やかな配慮をしてやることによってである。こうした老女らが、稼ぎを増やしてたらし込もうとする娘たちにいろいろと施し物ができるようにと、懸命になって働いている姿が見られる。彼女たちはどんな仕事場だろうと、一身を捧げてその務めを遂行しようとする。要するに、現に今自身に欠けているものや、わが身から遠ざかっていくものを補おうとして、生み出せる限りの誘惑術を示すのである。

いったんこの関係が成立すると、彼女たちは観察者に数々の興味深い特徴を見せてくれるが、以下にそれを紹介しておこう。

売春婦にあっては、異性の愛人から棄てられると同じようにして、同性の愛人から棄てられる女などいない。異性の愛人から棄てられた場合、簡単に気持ちの整理もつき、激しい非難の言葉を容赦なく浴びせかけた当の男も、すぐに忘れてしまうことのできる方法を見出せる。同性の愛人の場合となんと大きな違いであることか！　したがって、彼女らの結びつきは、愛というよりはむしろ熱狂というものに近い。心は嫉妬心に苛まれ、誰か他の女が自分に取って代り、こうして愛の対象を失ってしまうのではないかという不安感から、二人は片時もそばを離れようとはせず、まるで影のように寄り添い、同じ過ちを犯して捕まり、また拘置所から出る時も、いつも一緒に出られるようにと、その手立てを見つけようとする。

監獄に着いても、二人を故意に別々の共同寝室に入れようとすると、いつまでも文句を並べ立て、子供じみた泣き声を出し、大声でわめき散らし、怒声を浴びせたりすることなどしょっちゅうである。どうしても別れていたくない相手といつも一緒にいられるようにと、ありとあらゆる演技をしてみせる。医務室に移してもらおうと、病気のふりもしてみせる。そのために、体にひどい傷やけがを負わせたりした女を目にしたこともあった。他の誰よりも悪賢く、商売の道に精通した達人と形容してもいいような何人かは、性器の何カ所かに苛性カリの小片を貼りつけ、こうして、どんなベテランでも見分けられないほどの、性病によるただれに似た潰瘍を生じさせたりした。また、大半のものは、疥癬にみせかける巧みな技巧を備えていたが、それは発疹の起りそうな身体の各処に、火で真っ赤に焼いた針を刺してつくったものだった。

　監獄の中で、レスビアンが寵愛している相手の女から棄てられるという事態が生じた場合、刑務官は格別の注意を払わなくてはならないことになる。棄てられた女が、棄てた女と、自分に取って代った女に対し、復讐に出ることは必定であるからだ。食器皿や、時にはナイフまで振りかざして殴り合う、正真正銘の果し合いが生じることになる。この種の決闘[15]で最もよく使われる武器は、髪を結う櫛である。そのため時として非常に重い傷を負うこともあり、死人が出るのを目にしたこともあったくらいである。昔は、こうした決闘はしょっちゅうだった。したがって、所長のシェドヴィル氏は、不貞事件の発生を知る毎に、憎悪の対象になった女を隔離棟に移す許可願いを警視総監に出したものだった。

　売春婦のように移り気な人間にあっては、こうした憎悪や憤怒の念は、さほど長時間持続するものではない。復讐心が満たされれば、棄てられた女は不実な女を再度連れ戻そう――実際、よくあることだが――と必死になる。首尾よくことが運ばなければ、新たに別の女を手に入れようと、再びその危険な才能を利用しようとする。

しかし、それだけは許し難く、絶えざる復讐を求めるというケースもあるが、それは好きな女を袖にして別の男性とくっつき、これを愛人にしてしまった場合である。繰り返すが、この罪は許し難く、何をもってしても見逃してはもらえぬものである。このような罪を犯した女の何と不幸なことか！　というのも、もし彼女が強靱でなかったなら、売春婦が受ける中でも最もむごい侮辱を受けたということで、彼女を非難攻撃して当然の資格があると信じている当の女に出会うたびに、殴りかかられること必定だからである。

こうした状況で、棄てられたレスビアンのこの復讐はある顕著な特徴を示しているが、それはこの場合、他の売春婦が調停役として中に入り、殴り合うもの同士を分けようとする――これは日常の些細な理由で生じた言い争いでは、必ず行なわれるのだが――ようなことがけっして見られないことである。その場合、彼女らはすべてを冷静に見つめ、争いが解決するのをじっと平静な態度で待つのである。こうした振舞い方は、彼女らの社会に持ち込まれたしきたりとか規則によるものだろうか。それとも、あまりの破廉恥さゆえに、品位をすっかり下げた人間が、彼女らに抱かせる侮蔑感の結果だろうか。私としては、後者の考えに与したいが、だからといって、それが最も正しい解釈だなどと主張するつもりはない。

私は幾たりかの警部や監獄の元看守らから、妊娠に気づく機会は、まだこうしたふしだらな趣味に染まっていない一般の売春婦より、レスビアンたちの方がはるかに多いことを教えられた。それは当然であり、かつ、ある点までは、説明のつくことである。こうした場合、妊娠は監獄中のもの笑いと嘲弄の的になること、さらには、こうして妊娠した女に対しては、拘置中の売春婦が妊娠した同じ仲間に競って示す思いやりや配慮などはいささかも示そうとはしないことを、彼らは指摘してくれた。したがって、レスビアンとは、人間の触れる悪癖の中でも最劣等の悪癖に陥ってしまった人とみなしてよく、だからこそまた、彼女らには、売春婦監視の任を負う人びとの側から、さらにそれ以上に、こうした女性らを収容する監獄の管理、運営を委ねられた人びとの側からの特別な監視が必要とされるのである。(16)

一〇　売春婦という人間集団中に設けるべき諸階層(17)

［……］娼婦を全体から見た時、二つの大きな階層に分けることができる。

第一の階層——窓辺、街頭、家の戸口、公共の広場、散歩道などで大っぴらに客の袖をひく女たち。

第二の階層——客の袖はひかず、自家を利用するのが普通であり、かつそれは周知の事実となっていて、これを否定したりせず、いわばそれを誇示さえし、皆に知ってもらおうと、使える方法は何でも使おうとする女たち。(18)

この二つの階層に属している多くの女性は、周囲の状況及び自身の利益の求めに従って、互いの階層を出たり入ったりしている。この二つの階層を混ぜ併せて一つの集団にし、再度検討してみると、そこからまた新たに二つのカテゴリーが出来上がるのではないだろうか。

第一のカテゴリー——その支配下に置かれている女将の指導、監督の下で、公認の娼家に閉じ込められている女たち。

第二のカテゴリー——何の拘束も受けず、自分ひとりでやっていけ、行政当局と衛生局にだけ活動報告をすればよい女たち。

後者に関しては、さらにまた以下のような二つのカテゴリーに分かたれる。

自分の部屋を持ち、自分で家具を買い揃えて住んでいる娼婦。

貸し部屋、屋根裏部屋、ぞっとするくらい汚い小部屋に住んでいる娼婦。

住んでいる娼家では整理番号しかついていないため、番号つきの女と呼ばれている第一のカテゴリーの娼婦と対照的に、第二のカテゴリーに属する娼婦には、受けた検診結果の記入された特別なカードが渡され、彼女ら自身固有の名がつけられているので、カードつきの女と呼ばれている。この名称は当局に採用されており、もうはるか前から、行政機関の事務整理と正確さを要する一切のものについては、これ以外の名称は使われていない。

この区分は、恣意的な単なる好奇心で設けられたのではなく、それが行政上の面で非常に重要であり、これを軽視すれば、多くの場合、必ず行政機関の事務整理と正確さが損なわれるだろうことは、長い日常生活の経験で証明済みである。

これに劣らぬ明快なもう一つの区分は、売春婦の話し方、態度・物腰、着用する衣服の相違に基づくものであるが、所属する階層に応じて、売春婦たちが相互に示す侮蔑感を把握するのは、実際のところ、なかなか困難である。お偉方や大金持ちの快楽用の女は、ありふれた資産家にしか近づかぬ女に対しては、ただ軽蔑の目を向けるだけである。ところがまた、このありふれた資産家にしか近づかぬ女はというと、胸のむかつく貧しいぼろ着しか身につけていないような女には軽蔑の目を向けるのである。

売春婦が仲間うちで互いに設けているこうした差別は、彼女らすべてがはっきりと認めており、それは特に、なんらかの事情で、同じ場所で彼女らがばったり出くわしたような時にはっきりそれと気づくことができる。彼女らは互いに逃げようとしたり、避けたりし、同じ椅子に坐ろうとはせず、個々別々にグループをつくり、一緒に会話を交したりはしない。一般的に、こうした相異なる階層の娼婦の相互交流は、言い換えれば、無差別にある階層から他の階層へ、また最上層から最下層へと順々に移っていったりすることなど全くありえないと断言してもいい。仕事をはじめた時の階層、あるいは脱出できなかった階層に最後まで止まっている[19]。はっとするような美女が、初めから老いるまで、最下等の悪所に止まっているというのもこのためである。これらの悪所にはそれぞれ独自の客層が足を運び、彼女らはそこでさまざまな習慣、言葉遣い、態度・物腰を身につけてしまうから、その結果、職人や労務者や石工らにあてられる娼婦は、お役人相手では場違いな存在になり、こうして、お役人に気に入られるために必要なものなどもはや身に備えていないということになってしまう。教養豊かな、社会の上流階級の人びとと生活する習慣を身につけた娼婦についても事情は同じで、彼女らには、他と異なる数々の美質を正しく評価できぬような野卑な人間と席を同じくすることなどとても耐えられないのである。

ある階層でデビューした娼婦が、仮にそれより下の階層に移ったりすれば、身が汚れたように感じるだろう。この法則はあまねく適用できるものとみなしていい。言ってみれば、これこそ、大多数の娼婦が、下の階層に転落するや、たいして時間を置かずに、その職業から足を洗う理由である。彼女らは、最後には、どこかに身を落ち着ける手段を見つけることになる[20]。いずれ、売春婦の最終的な運命について触れる際に、この真実の証明がなされるだろう。

例外のない法則はない。したがって、他のものよりはるかに長期間にわたり、売春業に従事している女が、必ずしも常にすぐ下の階層に移ることを潔しとしないわけではない。しかし、この種の娼婦がきわめて少数であることは、すぐにわかるだろう。年老いて、肉体的魅力を失っていくにつれ、あらゆる階層を体験していく女も、幾たりかは存在する。顕著な例を挙げてみよう。ある絶世の美女が、高貴な男性にしばらく囲われていたが、何とこの男性は彼女にしばしば、週に二〇〇〇～三〇〇〇フランもの大金を与えていたのだ。ところが、どのようにしてかはわからないが、彼女は最下等の貧窮生活に転落し、一二年後にその姿を見た時は、社会の屑とか汚泥とか呼ばれている人びとが足を踏み入れるマコン通り[21]のぞっとするような娼家に住んでいたのだった。このような転落は、たぶんこの女の生まれながらの虚弱な知能と、陥った恥ずべき生活習慣から説明がつけられるだろう。

ある階層の女が他の階層の女に示すこの侮蔑は、侮蔑された当の女の側に、必ず激しい憎悪の念と敵意とを抱かせるのは、容易に理解できるだろう。これは特に、監視の目から解放されてゆったりとくつろぎ、彼女らが思いのたけをぶちまけているのを耳にしたり、新入りの女に対するその振舞い方を観察したりすることのできる監獄で認められる。彼女たちはこのお高いクラスの娼婦、またはお上品な娼婦――彼女ら自身そう呼んでいるのだ――に、ある特別な名を与えていた。彼女らは仲間内では、これにパナード〔意気地なし〕という名を与えて、他とはっきり区別していた。ところが、このパナードの方でも、他の女たちをピエルーズ〔工事場の女〕と呼んでいるのである。私はお高いクラス、すなわち上層の女を指すこの言葉を特に強調しておきたい。この研究の過程でしばしば登場するこの言葉が何を意味しているのか、しっかりと理解してほしい。ピエルーズという名について言えば、これはどの売春婦からも、侮辱的表現とみなされている。こう呼ばれると思っただけでも腹を立て、彼女らにこの言葉を投げつけた人間には、烈火の如き怒りを発する。この名で呼ばれた女がどんな人間か、その堕落ぶりがどれほどかなどを述べれば、どうして売春婦自身この名で呼ばれるのを拒否するのか、この階層に属する女と非難されただけで怒りを露わにするのか、容易に理解できるだろう。

　売春婦という人間集団中に設けられる相互の相違点について述べておかなくてはならないことがらの仕上げとしては、ぽん引き、やり手婆、軍人用の女または市門の女、ピエルーズまたはファム・ド・テラン〔空地の女〕、泥棒女、女将または娼家の女主人などがどのような人間かを理解してもらうために、少し述べておけば十分だろう。

　ぽん引き《プロクセネート》——売春に関するかつてのあらゆる条例を見てみると、ぽん引きと囲われ女、浮気女、大多数の売春婦とが混同されていた。だが、現在ではもうこのような混同は行なわれていない。というのも、ぽん引きは明確に他と区別された、別の一階層を形作っているからである。

　彼女らはどこに行こうと存在していると言ってもいいし、またどこにもいないと言ってもいい。なぜなら、豪華な衣装を身につけているかと思うと、実に哀れなぼろ着を着ているというように、その姿は千差万別であり、そして常に警察の追跡をかわす手段を心得ているからである。

　概して、彼女らは皆抜け目がなく、人に取り入るのが上手で、話し上手であり、ぽっと出の娘などではめったになく、売春の道で十分経験を積んだ後にこの仕事に入ってきたものたちばかりである。娼家の先頭に立ち、損な取引を数々体験した後、初めてこの商売に従事したというものもいる。また、すべての娼婦たちの視線の向けられる高い地位たる娼家の女将になる手段を手に入れようとして、この商売に入っていくものもいる。

私は施療院、工場、安ホテル、ダンスホール、市門や場末の人混みにまで分け入ってその後を追っていくつもりはない。ただ、標準的な階層の娼婦に関して言えば、彼女たちがその本当の職業を隠しているのは、たいていの場合、女性たちにその身を飾るありとあらゆる品々を売ったり見せたりするのを口実に使った、衣類、装身具販売商という肩書の下であることだけを言い添えておこう。(22) どこに行っても彼女らは大歓迎される。もっぱら古着だけを専門に扱っているような女の場合には、支給されたり、くすねたりした品々を処分しようとやって来る小間使いがしょっちゅう出入りしている。彼女らはこの不幸な女性たちを自宅におびき寄せ、悪しき助言を与え、そして危険な出会いを画策するのである。なかには得意の領分を持ち、例えば、踊り子とか女優など、決った分野の女性にしか声をかけないものもいる。さらに商売の手を拡げ、地方や外国と通信を交し、ロンドンやブリュッセルなどの大都市に犠牲者を送り込んでいるものまでいる。これらの女商人のしょっちゅう姿を見せる場所に出向き、その使う手練手管や巧みな策略を暴かずして、パリの売春婦の実態を研究することは不可能である。したがって、売春と縁を切った売春婦の多くが選んでいるこの職業を目にしても驚いたりせず、さらに、これでまっとうな道に戻ったなどと思ったりしないようにしよう。

［……］やり手婆《マルシューズ》——やり手婆とは、もはや売春婦稼業を続けていけなくなったため、悪所に居を定め、こうしてそこでさらに売春の手伝いをするようになった老女と解していい。

いろいろな小説で、因業婆《デュエーニュ》という名で呼ばれて登場してくるこれらの女たちは、前世紀末においては、ずらかり屋《ピエ・ルヴェ》という名を冠せられていた。この女たちの果す役目は、住んでいる場所に応じて、実にさまざまであった。きちんとした娼家では、使い走りや、娼婦の入浴の付添いとか、警察署への案内や、時には女を要求している市内の私人宅にまで連れていってやったりするのがその役目である。夜ともなれば、その建物の使用目的を教示してやるべく、娼家の戸口にじっとたたずんだりしている。

戸口に立つばかりでなく、[23] さらには、最も若くて美しい娼婦に腕を貸し、娼家の周りをゆっくりと歩きながら、言葉巧みに通行人に話を持ちかけ、女を紹介するという役目も担っている。取締りの目が厳しくてうるさくなればなるほど、この種の女の重要性は増していく。彼女らの急増ぶりが指摘されているのもそのためである。娼婦たちに、大通りのある地点とか、足繁く通う全く別の散歩道とかへの出入りを禁じてみたところで、翌日にはもうやり手婆に腕を貸し、地味でもったいぶった外見で人目につくその姿がそこで再び見られることは間違いないだろう。この女たちには、程度の差はあれ、ある種特別な才知と、全く独自の手腕が必要である。

ある思い違いから——幸いにしてもう存在しないが——、長期間にわたり、やり手婆とは、年齢からみて公道上で客の袖をひくのに最も適さない女たちだと解され、また文書にもそう書き留められていた。正真正銘のぽん引きたるやり手婆とは、一般的には、非常に危険な情事の助力者にすぎず、多くの場合、この女たちが自宅に泊めたり、またたまたま自宅に呼び寄せたりし、かつ警察に知られていないので、監視も受けていない若い乙女を指すことが多い。この言うところの娼婦は、社会の恥辱であると同時にその疫病神でもある。彼女らは稼ぎを餌にしたり、媚態をふりまいたりして、未経験な乙女の信用を得ようと必死になり、こうして乙女たちを恥辱の道へと導いていく。役所の仕事がこうした階層の女のために忙殺されたことなどしょっちゅうだったことは皆のよく知るところである。本書後半で問題となる条例も、こうした女たちのためにつくられたのだった。

軍人用の女、市門の女——市門の女、または軍人用の女の名で呼ばれているのは、決った住居を持たないが、特に軍人たちが頻繁に足を向けるパリ市の市門近辺で目に止まるある特別な種類の娼婦を指す。これらの娼婦は、ほとんどの場合、市門のどの悪所でも受け入れてはくれないほどぞっとするような醜女である。彼女たちにはある特有の態度・物腰がある。その身なりは普通の売春婦が示しているような身なりではなく、その面から見ると、たやすく混同される最下等の女工らと異なるところはない。なかには、パリ周辺の農村で、刈取り作業や畑仕事に従事するため、ブルゴーニュやその近辺から毎年出てくる、あの醜いぞっとするような多くの農婦も見られる[24]。不幸なこの女たちはどこに行っても体《てい》よく追い払われ、積み重なるように寝かせられる粗末なベッド付きの宿でしか受け入れてはもらえない。夏には、納屋や廃屋、あるいは建築中の家に泊まり込み、また石膏製のパン焼きがまの中や野天で寝ることもしょっちゅうである。こうして、市門から市門へと絶えず渡り歩き、パリに戻ったかと思うと、すぐにまたそこから出ていく。彼女らは一種信じがたいようなずる賢さを内に隠し持っていなければならないのだ。どんなに追い払っても無駄で、絶えず舞い戻ってくるが、それも常に最終的には当局を根負けさせてしまうような執拗さを示しながらである。

この女たちの破廉恥さといったら、とうてい口では言い表わせないだろう。どんな時間だろうと、通行人がいようと気にも止めず、小道や道路沿いで、兵士たちに身をまかせたり、見るも汚らわしい不品行にふけったりしている。わが子を散歩に連れていこうと思い、時々市門の外に出ていく一家の主人の何と不幸なことか。身体のためとなるはずの息抜きが、この人たちにとっては、悪習の発端や大いなる不幸の源《スルス》となるかもしれぬのだ。

とりわけ夏、兵士らを退廃の道にひきずり込もうとするのは、こうした売春婦である。彼女らは客引きなどせず、一般の女工らと区別できるところも一つもなく、加えてその多くは仕事を持っているから、彼女らをどのようにして見分け、取り押えたらいいのか。ようやくそのうちの何人かを捕えることができても、ほとんどいつも、一二人のうち一〇人までが病気持ちという有様だった。これ以外の状況を想定することなどとても困難だろう。［……］

ピエールズ〔工事場の女〕、あるいはファム・ド・テラン〔空地の女〕——お役所用語では、この名は、最下等の売春行為に従事しながら、年老いていったある特別なジャンルの女を指す。彼女たちはそのあまりの怠惰ゆえに、仕事など何一つ探そうとせず、加えて、見るだにぞっとする容貌をしているので、どこでも冷たくあしらわれてしまう。昼日中にその姿を見ることなどない。夜を待って外に出、警察の監視の目を逃れられると思っている辺鄙な場所を徘徊することになる。監獄の所長やその職員、あるいは警察官らは、彼女らが卑猥な言葉を使って互いに呼び合っている名前を聞いて、それとすぐに見分けることができる。無料診療所の医師らは、彼女たちが梅毒にかかることはめったにないと指摘したが、これはたぶん、彼女らが梅毒にかかるような危険を冒すことなどほとんどないという理由によるものだろう[25]。

非常に数多いこの階層の売春婦くらい危険なものはない。私の読んだある報告書によれば、その破廉恥ぶりはあまりにひどく、収監すべき売春婦リストに記載する値打ちすらもない存在である、と警視総監に訴えていた[26]。彼女たちは盗人と共謀したり、また男色家とぐるになっていることもしょっちゅうである[27]。

彼女らの住居は、その大部分が最下級の通りにある最低の安ホテルか、場末や市門外の物置とか車小屋である。

だが、彼女たちがその忌わしい商売に励むのは、いつも住居から遠く離れた場所である。常に二人連れで、たいていの場合、うらさびしい人気のない場所、特に建築工事現場に山積みされている建築用石材や木材、その他さまざまな資材置場でその姿が見られ、工事場の女とか空地の女という名がつけられているのもそのためである。この女たちの大多数は、男性さえ二の足を踏むくらいぞっとするほど醜い容貌をしている。したがって彼女らは、どこでもいいから、とにかく薄暗く人気のない場所を探そうとする。例えば、古い建物の階段や円柱、河岸、波止場の階段など。明るい場所は避けて通るといってもいいくらいで、またここでその出入りの禁じられている場所を列挙しようとしても、とうてい書き記せないほどたくさんである。だが、彼女らは常にそうした場所に舞い戻ってくるから、混乱防止のためにも、行政は絶えずその監視を怠ってはならない。

四〇歳、五〇歳、さらには五九歳という年齢の女性の姿も見られるというのも、まさしくこの階層の売春婦である。［……］

第三章　売春婦の生理学的考察

一　多数の売春婦に特徴的な肥満

多くの売春婦の呈している肥満と素晴らしい健康状態は、彼女らを数多く目にしたり、ある場所に多数集まった時のその姿を目にしたりした人すべてが感じ取る強い印象である。もちろん、こうした特徴を示していない例外的な売春婦も数多い。肥満と健康の面で、格別目立った特徴など何一つ示していない売春婦に出会うこともしごく普通であり、さらにはその痩せぶり――げっそりと痩せ細ったと形容してもいいかもしれない――でひときわ目立つような売春婦の姿を目にすることさえもある。

職業柄こうした女性たちの中で生活し、彼女らを常に監視下に置いている人びとは、その肥満が二五〜三〇という年齢に達してはじめて目立って進展するのだと指摘している。年若い乙女や、この職に就いてまだ間もない駆出しの娘にそれが認められることはめったにない。

いつも性急に原因の説明をしようとする世間の人びとは、もうはるか前から、通説に従い、その原因は、これらの女性が習慣的に使っている水銀を含む調合薬にあるのだとしてきた[1]。たぶん病人の中でも幾たりかが、長い間にわたって苦しめられてきた性病から治癒したとたん、見違えるように力強い肉体を取り戻しているという事実を基にして生まれたこの見解は、何人かの有識者、さらには独自の方法で梅毒の研究に従事している医師たちにまで賛意を得ている。こうした医師の幾たりかは、水銀のリンパ系に及ぼすその作用を強固に信ずるあまり、食肉用動物にも水銀治療法を適用したらどうかと勧めたほどであった。

無料診療所と監獄の医師らは、この肥満という現象について、実に単純な、かつ誰でも否応なく受け入れざるをえないような説明をしてくれた。彼らの見解によれば、この肥満という状態が、水銀及びその他の調合薬が原因で生じるのではないという証拠に、もう何年も前から性病になぞかかったことのない女性や、幸いにして性病を一度も経験したことのない女性にも、しばしばそれが認められるという事実を挙げている。この金属がしばしば消化器官に引き起す流涎症と強い刺激が、一体どうして肥満を助長するというのだろうか。水銀は多くの売春婦がかかって死んでいく肺結核や腸炎の原因の一つとして糾弾されてこなかっただろうか。ところで、これら各種の病気と対照的なものとして、肥満以上のものがあるだろうか。

しばしば売春婦に顕著に認められるこの肥満という現象は、彼女らの大部分がとっている入浴回数の多さ、なかでも特にその多くが過している無為な日常生活、口にする豊かな食事などにその原因があると言わなくてはならない(2)。将来の生活になど全く無頓着で、いつも何かを口にし、苦しい労働に従事する他の一般の女性よりずっと多量に飲食し、朝は朝で、一〇～一一時頃にならなくては床から起きてこないような動物的生活を送っていて、どうして太らずにいられようか。それでもなお痩せているとしたら、おそらくそれは肥満を生みやすいどんな手段にも耐えられる体質の持主であるか、また特に、ほとんどの売春婦が、余分なものがあるどころか、毎日の生活に必要なぎりぎりの品を手にできるほどにも恵まれてはいないからなのだ。施療院や監獄に入って健康を取り戻し、常に入所時よりもずっと太って出所していくのはこうした女たちである。しかも、囚人と言えばそのほとんどが、留置という行為、さらに彼女らが否応なく送らざるをえない規則正しい日常生活という行為だけで太ってしまうのは、誰もが知っている事実ではないだろうか。これは死刑囚にも指摘できる事実である。

肥満は売春婦に頻繁に生じる現象であるが、娼家の女将においては、それはもっと顕著である。その点については、時として全くびっくり仰天させられてしまうような女将もいる。

二　売春婦に特徴的な声のゆがみ

その美貌、若々しさ、凝った服装、優美な物腰でひときわ目立つ売春婦、上品なその態度に接したら、素晴らしく育ちの良い女性だと誰しも思ってしまう売春婦、一言で言うなら、人に好かれたり、人の心を惹きつけたりするのに必要なものすべてを身に備えているような売春婦がいる。ところが、ひとたび彼女らにしゃべらせたとたん、何という変りようだろうか！　女性の魅力をさらに一層引き立たせてくれるあの声の響きなど、もはやどこを探しても聞こえてはこない。その口からは、耳を引き裂くようなしゃがれた、調子外れの声音、馬車引きくらいしか真似できない声しか出てこないのだ。いくたりかの娼婦の示すこうした特殊な声のゆがみについては、前節で娼婦の肥満を採り上げた際、本書で行なった考察のいくつかが適用できるかもしれない。

こうした声のゆがみは多数の娼婦に認められるとはいっても、すべての娼婦に認められるというわけではない。これについては例外者も数多く存在する。一般的には、二五歳くらいになってはじめて、このかすれ声が生じる。通常このかすれ声は、安酒場の戸口にたたずみ、酔っ払って大声を張り上げたり、わめきちらしたりする習慣が身についている最下層の娼婦にみられる現象である。また上層から下層へと転落し、低級な下卑た習慣を身につけてしまった女たちもそうである。

この特異な現象の原因については、さまざまな解釈が行なわれてきた。

生理学者の中には、ある種の動物では、年頃になるまで声が出ず、また発情期を別とすれば、生涯声の出ない動物もいると指摘した上で、娼婦の声が一定の年齢に達したとたんに帯びる男性の出すような不快な声の性質は、彼女らの淫奔な生活とふしだらな生活習慣が原因であると主張する学者もいた。また別の人びとは、この現象を人間の本性上許し難い、ある人に言わせれば、いかなる売春婦も逃れられないあのおぞましい数々の嗜好《グー》からくるのだと断定したりした[3]。

最初の意見には、どこかもっともらしいがうわべだけのところが感じられる。事実、男性でも、声帯は生殖器と密接な関係があり、喉頭が思春期に急に大きく発達し、状況によっては、声が独特な個性を帯びたり、また声が去勢によって変ってしまうことなどが指摘されているからである。この解釈の正当性を認めようとしたら、売春婦を考察し、観察すれば十分である。実際、こうした声のゆがみが際立って存在するのは、年若い娘でもなければ放縦な女たちのうちでもない。さらに、売春婦の全階層にわたってそれが認められるとはいっても、一般的に言うなら、飢餓ゆえに放埒な生活へと引きずり込まれ、餓死せぬためだけでそうした生活を送っているあの不幸な女性たちの方がずっと頻度が高いと言っていいだろう。

後者の意見についても、最初のそれと同様首肯し難いものである。その理由は前節で示しておいた。

この不可思議な現象の本当の原因は、いくつかの事情の競合、とりわけ以下の二つの事情——ある場合は別々に、またある場合は同時に働くのだが——に求められる。まず真っ先に挙げることができ、かつ最も一般的な原因は、強いアルコール飲料の過飲と酩酊癖である。二番目は、厳しい気候と、その結果、多くの場合、一定の娼婦に限って苦しめられる寒気がそれである。後者については、今日では、かつてほど強く作用してはいない。これは街頭に立ったり、公衆の面前に姿をみせる際の方法に関して、当局側の採った施策の数々のためである。事実、この一二〜一五年程前から、売春婦には帽子も被らず、胸を露わにした状態で人前に姿を見せることが禁じられ、また街頭での営業が許可されるのもほんの少数に限られるようになったからである。したがって、かつての視察官たちも、首都の売春婦をみた場合、今日しゃがれ声や声のゆがみは、以前ほどには一般的な現象でなくなっていると指摘している。視察官たちは管理、監督の務めを果す中で、このような結果にしか気づかないのだが、医師はそこに、売春婦たちが免れることのできた無数の病気、厖大な数のこれら不幸な女性たちの生命の保持、さらに、施療院にとっては、尊重すべき貧窮者を押しのけてベッドを埋め尽している多数の慢性疾患患者に対する治療の負担の軽減という利点を看て取っている。

三　髪、目、眉の色に関し、パリの売春婦の示している特徴

売春婦の生理学上の重要点について特別一章を割かなかったとしたら、本節で述べることがすべて本書に載ることはなかっただろう。ところで、髪、眉、目の色についての詳しいデータは、生理学、特に

パリの売春婦の髪の毛の色

栗色	6,730人	1.87人に1人	千人に 534.20 人
褐色	2,642	4.77	209.68
ブロンド	1,694	7.43	134.44
黒	1,486	8.47	117.92
赤	48	262.50	3.80

パリの売春婦の瞳の色

灰色	4,612人	2.69人に1人	千人に 370.32 人
褐色	3,529	3.52	283.36
青	2,878	4.32	231.09
赤	730	17.20	58.61
黒	705	17.66	56.60

人間の博物学(4)と密接に関係しているから、どこを探しても見つけられないような興味深い資料、とりわけ動物学を研究する人には、いつの日か必ず役に立つに違いない資料――それは偶然私の手に入ったのだが――をここに載せておこうと思った次第である。

あらゆる都市、国からパリに出て来た一万二六〇〇人の売春婦を、髪の色によって分けた割合は上表の通りである。

［……］眉の示すさまざまな色についても、髪の色について上で述べたのと類似の調査をしたが、そこからは、同一の個人においては、髪の色と眉の色はほとんど常に相似通っているという結果が得られたので、ここで再度それに触れる必要はないだろう。

目の色の呈するさまざまな濃淡、われわれの観察対象になったその各々の出現頻度については、いささか事情を異にする。このテーマは現在でもなお目新しく、大いに興味をそそられる問題のように思える。

黒、褐色、灰色、青、赤、以上の五色が、目の色に関してわれわれの識別できる色であり、かつまた私にそれらのデータを与えてくれた身体的特徴の中で認めることのできた色である。

あらゆる都市、国に属し、そして目の色もしっかりと記入されていた一万二四五四名の女性の区分は前ページの表の通りである。

四　パリの売春婦の身長について

ある国民の博物学に関するすべての事柄の中で、髪、眉、目の色が興味深い側面とみなされるとしても、それよりはるかに目立った対象があれば、それを研究対象にしなくてはならないことは当然である。以下その一つ、身長について述べてみたい。

この数年来というもの、身長の研究は優れた研究者たち、なかでも特にブリュッセルのM・ケトレとパリの私の友人ヴィレルメの研究対象となっていた(5)。これら統計学者の細心綿密な研究業績に精通する人びとは、彼らが人間の博物学にいかに大きな貢献をなしたか、表面的にはさほど益するところ少ないようにみえる対象をどれほど有効に利用したかを十分理解している。

私の信じる限り、上で述べた学者は、もっぱら男性、それも特に徴兵検査を受けた若者の身長の記録を基にして統計作業を行なった。では、多くの女性についてのこの種の資料はどこで見つけたのだろうか。というのも、女性では、いかなる生活状況にあっても、男性であれば逃れることのできぬ行政上の法規に従わなければならない機会など全くないからである。

パリの売春婦の身長

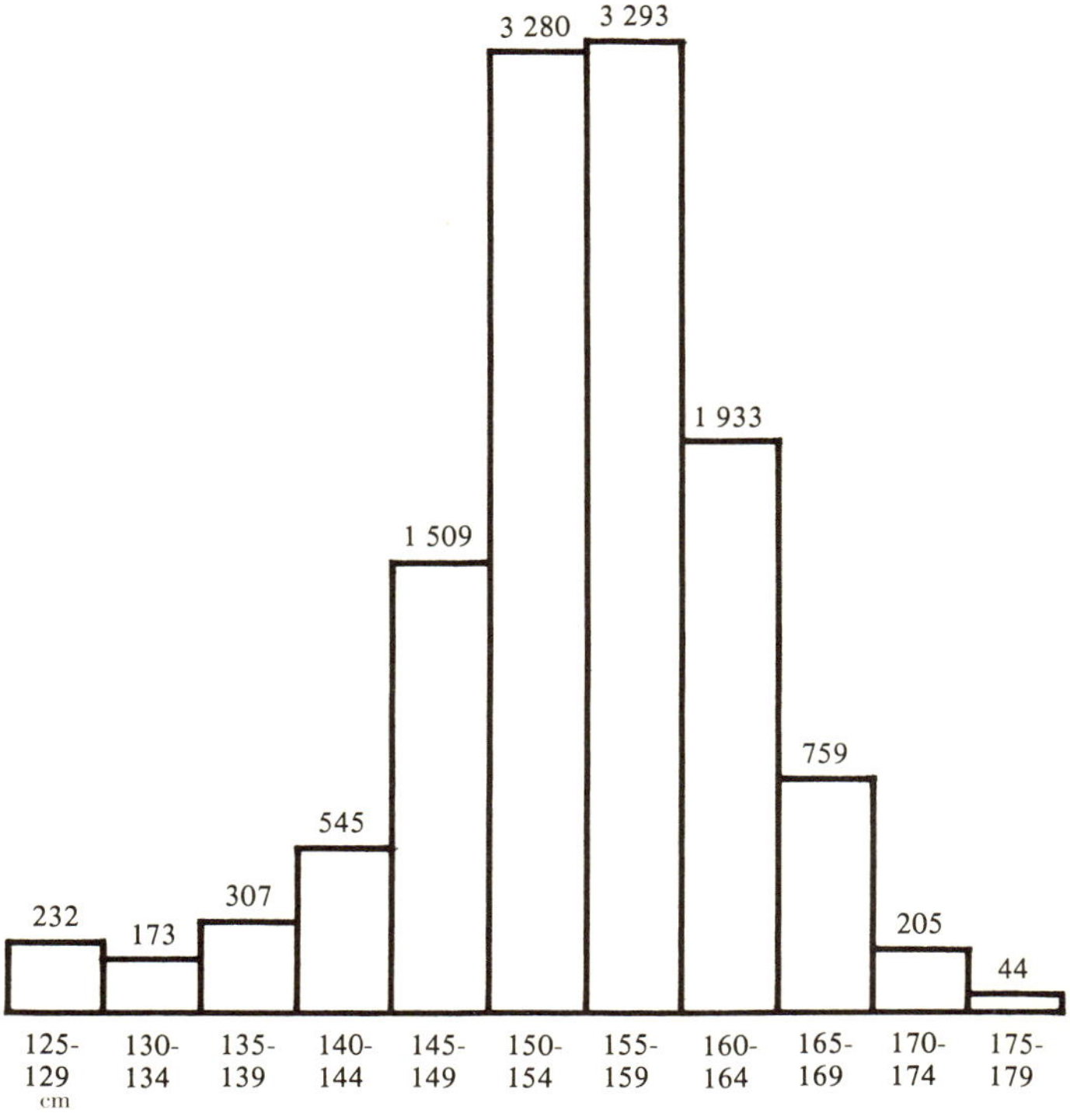

再度繰り返すが，パラン・デュシャトレの原著で示されている身長表は，制限選挙王政［七月王政］下で行なわれた人類学的統計の不正確さをはっきり証明するものである．つまり，端数を切り捨てる，したがって，身長が0と5で終っている人数が不当に高い数値を示す傾向が顕著である．パリ警視庁作成の資料を利用しているパラン＝デュシャトレに，こうした不正確さの責任を負わせるわけにはいかない．彼の提示した数値を借りて作成した棒グラフでは，データを読み取るに際して，こうした不注意からもたらされる結果を能うる限り少なくするため，実数は再度区分けし直しておいた．［編者］

ある全く別の目的で成された調査から、娼婦の身長に関する未知の資料――私がいなかったら、たぶん役所の資料室に永久に埋もれてしまっていただろう――が手に入ったので、これを利用し、ここに示しておくことにした［パラン＝デュシャトレはその結果を表にまとめているが、編者は棒グラフに直しておいた。前ページ参照］。

五　売春婦の局部の状態

［……］世に広く認められ、異論を挟む余地のない見解があるとするなら、売春婦の性器は、その職業のもたらす必然的結果として、諸種の変形と特別な配置状態を示しているに違いないというのがそれだろう。この問題については、老若の別なく、社会の最上層や最下層の放蕩者たちの話に耳を傾けてみる必要がある。なかでもとくに、年老いた放蕩者たちが、かつて売春婦をしていた女性と結婚したり、またこれを内縁の妻にしているその仲間らと気楽に話している冗談に耳を傾けてみるといい。この点では、医師は民衆自身よりもずっと俗説に惑わされやすい存在ではないかと思えた。実際、彼らは、手足や身体のある器官の連続的な、いわば絶え間のない活動を必要とするすべての職業は、通常その職業に就いている人間のその該当部分になんらかの変形――時としては、そうした変形を受けた人間の就いている職業が何であるかわかってしまうほどに顕著なこともある――をもたらすことになると考えているから、そこから類推して、売春婦でも同じことが言えるだろうと結論づけ、こうして、当初彼らにとってあて推量にすぎなかったことが、最後には彼らの頭の中で、明白な真理となってしまうのである。

私はこうした推論の仕方に少しも満足しなかったので、無料診療所の内科医や外科医、娼婦たちが送り込まれる施療院の医師、とりわけ監獄の医務室所属の医師らに問い合わせた。私は彼らに解決したい問題が何であるかはっきりと伝えた。彼らは私のためにそれをじっくり考察し、こうしてその問題に関する数々の貴重な資料を提供してくれた。彼らが私に示してくれた回答の分析結果を次に少し述べてみよう。

売春婦の性器は、彼女らにだけ特有な特別な変形を受けていることなどけっしてない。この点では、誠実な既婚婦人と彼女たちの間に少しの相違も認められない[6]。

しばらく前より、病気の診断にあたり検鏡が使用されるようになったこと、施療院や監獄を出所するすべての売春婦と同様に、無料診療所にくる大部分の売春婦にもこの診断法を受けさせるようにしていること、まさにこの検鏡の使用で、すべての医師に、多くの女性にとっては、ヴァギナの大小は生まれついての先天的なものであり、個人によって驚くほど異なる身体の他の部分の大きさと同様に、いちいちそうしたことに驚いてはならないことがはっきりと証明された。施療院や監獄の医務室に足を運んでみると、子供を一度も産んだ経験のない、ほんの駆け出しと形容してもいいような年若い売春婦に会えるだろう。そのような娘の中にも、ヴァギナが五～六回出産経験のある既婚婦人よりはるかに大きいものもいた。これと反対に、一二～一五年もの長期間売春で生計を立て、顔にもはっきりと老醜の刻印がうたれているのに、性器、とりわけヴァギナに何の変化も認められぬ女性もいた。ある日、マドロネット監獄に、年齢五一歳ほどで、すでに一五歳の時からパリで売春稼業に就いていたという女性のいることを教えられたが、彼女の性器といえば、思春期を過ぎたばかりの処女の性器と間違えられるほどだった。

〔……〕女性にあっては、クリトリスが主要な感覚中枢であり、時としてこの部分がかなりの大きさとなっていることもあるが、このような肥大の生じる割合は、売春婦の方が一般女性よりも高く、かつそれは彼女らの好色度と、しばしば彼女らを支配している恥ずべき悪習とに比例しているに違いないと主張されてきた。(7)

激しい情念《パシオン》と、抑制しえぬ淫奔が、常に女性を売春へ導いていく原因になっていること、この見方は一見もっともにみえ、またある点までは認めていいだろう。だがすでに見、後にも見るように、絶えずよみがえり、ほとんど抑え難いような欲情が売春の原因に入るとしても、それが唯一の源であるなどということはとうていありえない。この点については、観察の結果何がわかったか、明らかにしていこう。ジャクマンやコリノー(8)、また無料診療所の医師らの説によれば、クリトリスの位置や大きさで、パリの売春婦に特別目立ったところは何もない。すべての既婚女性と同じように、彼女らも多様性に富んでいるものの、格別これといって注目すべきところなど認められず、すでに上で述べた他の変異と同一視していいだろう。この点では、男性の性器の方が変異の出現頻度はずっと高く、かつはるかに際立っている。

私がこの調査、研究に従事していた時、パリには、クリトリスの著しい肥大ぶりを示している売春婦は三人しかいなかった。だが、中の一人については、その肥大ぶりは桁外れで、長さ八センチ、大きさは人間の人差指ほどもあった。そこにはきちんとした形の、包皮につつまれた亀頭――その下には皮脂が存在していたが――が認められた。それは思春期直前の、一二〜一四歳の少年の陰茎とそっくりであった。年齢二三歳のこの娼婦は、その年でもまだ一度も生理はなく、乳房の発育も全く認められなかった。子宮も同様になかったかもしれない。というのも、膣からの触診でも、開口部のない球状突起しか確認できず、直腸から行なわれた同種の検査でも、その欠如がはっきりと認められたからだった。不幸にして、この重要な検査に際して、膣鏡は使用されなかった。この娼婦はマドロネット監獄に長期間収容されていた関係から、この監獄の医師たちは、この肉体的状態の性欲に及ぼす影響力がどれほどのものか、必死になって見分けようとした。だが彼女は彼らに対していつも、同性にも異性にも関心がないこと、売春稼業に入ったのは、あまりにみじめな境遇と金がなかったためからであり、郷里で愛人と四年も一緒に暮らしていたのも、ただその愛人が必要な生活費を渡してくれたからであると話すのだった。私は彼女を六週間じっくりと監視してもらった。さらに何人かの人物を通して彼女に質問してもらったが、その回答には全く変りはなかった。無料診療所の医師たちが私に伝えてくれたのだが、出獄後、彼女は彼らにも同じように話したそうである。

クリトリスの顕著な肥大にもかかわらず、異性へのこの無関心ぶりは、ある点までは、子宮の欠如と、卵管、卵巣など子宮付属器官の欠如からたぶん説明がつけられるだろう。しかし、残りの二人にははっきりと生理があり、十分に発達した乳房を備えていたが、にもかかわらず、性癖という面では、上に述べた娼婦と非常に大きな親近性を示していた。残念ながら、私はこの二人には質問する機会がなかった。不幸にも、売春婦の監獄においては、機会ある毎に必ず反覆検査《コントル・エプルーブ》がなされる。毎日そこには、強度の好色癖を持つ娼婦や、すでに述べた恥ずべき悪習に身を染めたもっと好色度の強い娼婦が入所してきている。これらの売春婦も他の売春婦と同じように診察を受けるが、身体構造の点で、彼女たちが他の売春婦や一般女性と異なるところなど少しもなかった。

［……］ある器官の顕著な発達と嗜好や外面的な身体上の特徴との不一致について先に私が述べたことを明確に裏付けてくれる観察結果が、さまざまな人たちから――ここで一人一人名を挙げられないが――私に伝えられた。クリトリスの肥大もなく、女性を特徴づける外面的、道徳的美点で歪んだところもないのに、顎ひげや身体全体にわたってたくさんの体毛が存在しているようなことについても、事情は同じである。今ここで採り上げた問題のデータを提供してくれた人たちは、もう一二～一五年も以前から、私がしていると同じような研究・観察に従事している人たちであった。

小陰唇の並外れて肥大した売春婦もいる。このような事例はよく目に入るが、はたしてこれは職業が原因で生じたのだろうか。誰しも疑問を抱いて当然である。毎年三分の一が新しく入れ替っている三〇〇〇人以上の売春婦の中で、この階層の女性にずっと頻度が高いと思われている身体組織上の特徴を備えた女性に出会うのはほんの数例だ――それはただ、他のすべての女性は丁重に拒否しているのに、彼女らだけが、じっと耐えながら身体検査を受けさせられているからにほかならない――というのは驚くべきことである。監獄や無料診療所の医師の言によれば、小陰唇がそれとわかるほど肥大している売春婦は、せいぜいのところ一五～二〇人くらいで、またその切除手術を行なうのも、年に六回もないということである。手術をした場合でも、傷跡は驚くほど速くふさがってしまうと、医師らはこぞって指摘してくれた。ある人はまた、この切除手術を取締りの一方策、さらには性病感染をより困難にする手段とみなすべきだと考えている。この見解にどれほどの根拠があるものか、私にはわからない。何人かの老売春婦は、ヴァギナの粘膜がまるで渋紙のように変色し、軟骨状になっている、否、もっと正確に表現すれば、表皮の持つ外面的諸性質を帯びていたり、他の幾人かは、小陰唇や大陰唇が伸びているどころか、逆にすっかり消失してしまい、形も定かでない脂肪の塊のようになっているようにみえた。しかし、こうしたさまざまな変化も、すでに上で取り上げた変化と同じように、稀である。

この章を終えるについては、売春婦のアヌスの状態について少し触れておけば十分だろう。

六　売春婦のアヌスの状態

本性の容認する快楽に麻痺してしまった多くの男性の獣的行為に身を任せているこれらの不幸な女性は、異性間で行なわれたとしても胸のむかつくようなこうした不法な性行為《コミュニカシオン》を常に拒否しているわけではない。ジャクマン、コリノー、その他何人かの研究者は、一定の年齢に達した売春婦の中で、このような破廉恥な行為に身を任すことを拒否するものはおそらく一人もいないだろうと考えている。白状しなくてはならないが、娼婦の生活、習慣の中でも、これほど曖昧で説明しづらい点はない。彼女らの名誉のために言っておくが、彼女らはこの件については全く警戒心を解かず、投げかけられた質問には、憎悪の念をむき出しにしてはねつけ、この種の性行為に身を染めていたとの疑念を抱かれただけで、憤怒の情を露わにすると言っていい。

しかしながら、時としてその結果である局所障害は、普通その原因を取り違えかねぬような外観の下で現われる。その場合、本当のことがわかるのは常に沈黙からであり、けっして直接的な告白などからではない。売春婦の病舎では、このような事例は稀ではなく、このことがまた法医学に応用できるいくつかの観察を可能にしてくれたのだった。

人がこの恥ずべき性癖に習慣的に溺れざるをえなくなった場合、必ず示す特徴として、直腸開口部の特別な形――この場合、それは必ず漏斗状を示すと言われているが[9]――が挙げられる。キュルリエ氏は、この点について、一度も見誤ったことがないと断言したが、彼によれば、それほどその特徴は際立っており、かつ容易に識別できるものだった。

すぐれた観察家の説によれば、人間本性に反する商売の結果が、男性では、疑う余地のないほど確かだとするなら、この点から見て、身体組織の特徴を示していない女性でも、それは容易に見つけられるだろうと。ところで、これこそ無料診療所の医師たちの確認しなかったところであり、かつジャクマン、コリノーが、何年も前から観察下に置いてきた多数の人間について、全く検証できなかったことである。法医学において、あらゆる判断を下す際に、非常に慎重な態度をとらなくてはならないこと、また不幸にして、医学書で実にしばしば出くわすこれらの断定をあまりに一方的に当てにすることの危険性の新たな証拠である。余談はこれくらいにして、売春婦の生理学に再度立ち戻り、今度は彼女らの月経について検討してみたい。

七 売春婦の月経

売春婦の送っている生活が、女性の健康にとって非常に重要な機能である月経をどこまで変えうるかを知るのは、非常に興味深いことがらである。この問題については、非常に厳密、詳細な資料を入手できたものの、相矛盾する回答しか得られず、このように重要で、またこれほど容易に検証可能な問題なのに、なぜそうなのか、今もって理解できぬことである。私が尋ねた幾たりかは、売春婦は他のすべての女性と同じようにきちんと月経があり、就いている職業はこの機能に何の影響も与えてはいないと明確に断言してくれた。同じく、水銀による性病治療が、なんらかの仕方で、月経の周期性を変えるというのも誤りであり、さらに、彼女らは月経過多でもなければ、女性の非常に恐れるあの性器の病気のどれにもかかってはいないと断定してくれた。

他の何人かは、これと全く反対の説を述べた。彼らによれば、多くの売春婦は三、四年来生理がないが、そのために身体の調子が悪いわけではない。あるいはまた、原因もわからぬまま、三、四カ月生理の中断しているのもいる。これを私に教えてくれたのは、特に性病患者救済院の賢明なインターンと、救済院や監獄で売春婦監視の仕事にあたっている婦人方であった。この婦人方は一時も売春婦のそばを離れず、また売春婦の下着を検査したり、つくろったりしているので、私は彼女らの観察結果を非常に重視している。確かなこと、それは悔悟の念に苛まれ、売春稼業から足を洗って修道院に入る娼婦のすべてが、月経の止まったままそこにやって来ることであり、また非常にびっくりさせられるのは、得られる休息と与えられる豊かな食事にもかかわらず、そこにいる間中ずっと生理がもとに戻らないことである。

これらの情報から導き出される結論とは、売春婦には、生理の順調なものもいれば、そうではないのもいること、彼女らにあっては、生理は多かれ少なかれある期間周期的、規則的な歩みを続けていくが、最後には悪化してしまうということである。これと別の道を辿るだろうと想定するのは困難である。というのも、彼女たちはあらゆる放蕩生活にひたり、あらゆる厳しい気候に身をさらし、さらには、女性の考えるところでは、女性特有の身体機能にきわめて有害と思えるようなその他数々の無謀な行為を犯すからである。

第四章　公認の娼家概論

警察力では悪所の存在の防止は不可能であるが、警察はこれを認可するのではなく――そのようなことはけっしてしていないが――、大目に見て黙認することが必要である。本章では、そうした悪所の存在のもたらす不都合を減らし、かつその細心な注意と監視とによって、国民の謝意を得べくとってきたその施策について触れてみたい。

一　パリのあらゆる娼家に要求される主要な条件

長年の経験から、異なる人間の手で経営されている二軒の娼家、それが同一家屋内にあり、一方が他方の上階にあるような場合、それが共通の出入口を備えていたり、さらに、同一の階段を使用したりしてはならないことが実証されている。事実、このような配置になっていると、常連客でさえいつも間違ったり、口論や破廉恥な場面が生じるのが常だからである。同種の二軒の娼家の間には非常に激しい敵対関係が生まれ、こうして最後には賢明なる当局が仲介に入らなくてはならない騒動が持ち上がることになるのである。このような配置をとった二軒の娼家はたったの一例しかないが、これはかなりの期間にわたって存続することができた。しかし、それはそこに足繁く通う男性客の高い社会階級、二人の女管理人の特別な社会的地位、彼女らの前歴、ほんのちょっとした苦情でも引き起せば、経営する娼家が閉鎖の憂目をみるかもしれぬという恐怖心が、二人の管理人の間にせよ、抱える娼婦の間にせよ、どのような衝突も避け、人目を浴びたりすることのないように、できうる限りのことをしなければという立場に彼女らを置いたからだった。

風紀取締局の権限に関する規律が定められてからというもの、場所の規定《ロカリテ》は、住人数に比例すること、なかでも特に、それぞれの娼婦は他のものと明確に区別された個室を持つこと――昔はこの規定はなく、これが無数の混乱を生じさせる原因であり、かつての報告書数も始終それについて触れているが、今ではもうすっかり消失してしまったようにみえる[1]――に高い重要性を置いている。

人数に比例する広さの外に、いかなる娼家も隣家と通じていたり、背後に隠し戸をつけていたりしてはならない。正面玄関は他家と共有する、すなわち、異なる二人の所有者に属する二軒の母家を共有はできない。こうした家の配置はパリではしばしば目に入る光景で、また古い地区や通路つきの家しかなく、そのため売春婦が特に好んで求める狭い路地ではとりわけそうである。現在では、いわばもう誰も体験することはないが、かつては頻繁に生じた不測の事態のため、娼家には、人目につかない片隅とか、窓のない納戸、さらには人を隠しておけるほど十分な広さのあるふたのついた大きな箱やたんすまで一切認められていない[2]。

パスキエ氏[3]統治以前の一八一一年頃までは、最下等の娼家の多くは、劣悪な管理、不衛生、とりわけひどい不潔ぶりでひときわ目立っていた。それについては、当時の衛生学者や役人の提出した報告書は一読に値するが、それはこうした場所が起させるに違いない恐怖感、そこで絶えず遭遇するあらゆる種類の危険を実に精力的に描写していた。こう言って、はたして信じてもらえるだろうか。というのも、その何軒かはあまりに古い廃材で建てられていたため、そこに足を踏み入れたら、命を失くすこと必定と言っていいほどだった。それはとても人が住めるような代物ではなく、むしろ人間の食してならない不浄の動物が住むにふさわしい建物であった。ダニや梅毒菌が常に蔓延し、シラミは押し合いへし合いという有様だった。

当時、こうした悪の巣窟に徘徊している素性の怪しい人間のみならず、やむなくその近くに住まざるをえない真面目な家庭人の健康までも危うくしかねないような状態を改善するため、一八一一年七月二六日、パスキエ氏は、当局に知られているすべての娼家への総合的視察が即刻行なわれ、空間と換気の不足という欠陥を有し、その結果不衛生とみなされたは娼家はすべて閉鎖さるべし、という注目すべき布告を出した。彼は単に部屋の清潔さと整理整頓を命じただけでなく、こうした清潔さが衣服や下着にまで及ぶように、十分監視の目が行き届くことを望んだのだった[4]。数カ月後、この布告が出てからの事態の推移をすべて理解したこの行政官は、この清潔さがベッドやこれを構成するすべてのものにまで及ぶように要求し、こうして、厳しい罰則の下に、各自は特別な個別の部屋を所有しなければならず、どんな事情があろうと、同一のベッドが同時に二人の娼婦に使用されることを禁じたのだった。この条項の賢明さを高く評価し、管理の面では、住民の幸福への貢献という立場から万事をなそうと決した優れた人物にとって、その名に値しないような細かな規則など一つもないことを証明しようとしたら、娼婦の愛人の風俗、習慣の章での彼らに関する記述を想起してもらえれば十分だろう。[……]

二　娼家の中にあり、これらの娼家に依存する商店の存在についての考察

［……］今日では、商店《ブティック》を持つような娼家など、ほんの少数しか存在しない。これには徹底的監視が必要である。というのも、そこに身を置く娼婦は、あらゆる手段を使って人目につこうとするからである。必ずつけておくように命ぜられているカーテンも閉めておかないことがしばしばだったり、また、あまりに目が粗いため、つけた目的を満たせぬくらいの布地で、ただ申しわけ程度につけたりしている。どんな時間帯でも、通行人の欲情をそそることができるようにと、戸口に立つものさえいる。

これらの商店のもたらす支障はいずれにせよ大きいが、それは地区次第である。例えば、豪奢な地区とか、また特に数年前からパリの数多くの場所につくられてきた横町やアーケード街のように、それが全く認め難いような地区がある。この件については、視察官のどの報告書を見ても、見解はたった一つだった。だが、これらを許可してもいいようなケース、小さなカフェ《エスタミネ》のような建物なら、ある程度までは手を貸してやってもいいようなケースもある。それは小さなカフェ、喫煙室《タバジー》、カフェ・バーなどが多く、いわば騒々しい連中や素性の怪しい連中のたむろする最下等の地区[5]で生じるケースである。こうした場所での秩序保持くらい困難な作業はない。したがって、そこに娼家を建てたいと思う人間がいると、役所は直ちにこれを認可してしまう[6]。というのも、そうすれば無秩序状態は即座に停止するか、ずっと小さくなることが明白だからである。売春婦はそこに居を定め、もはや散らばっていくこともない。監視はより効果的で、抑止も一層容易になり、そして、娼家の主人は裁判という手続きを踏まなくても店が閉鎖されることもあるのがわかっており、警察官は時間に関係なくいつでもそこに踏み込める——こんなことは他の建物では起りえないのだが——ので、この主人は秩序違反が一切生じぬようにと、最大

限の注意を怠らない。一般的な規則をつくることができないこと、当局は自ら定めた規則に背かなくてはならない場合もあることの新たな証左である。こうした例外的措置が生じるのは、たいていの場合、シテやサヴォヌリ、タヌリ、モルテルリ(7)などの通りである。

三　娼家を近くに建てることのできない場所

近くに娼家の存在が認められない建物がある。それは次の通りである。

(1) 寺院（宗派の別は問わない）、官邸、公共建築物、上級国家公務員の住居
(2) 女子及び男子小学校
(3) ある種の家具付きホテル。[……]

四　娼家を容認してよい通り、またこれを遠ざけておかなければならない通り

娼家は公認の売春の場として許可されるため、自ら提示しなければならない条件の他に、これらに劣らず重要な他の条件もまたいくつか満たしていなくてはならない。その主要な条件の一つは、それが設置される通りに関係するものである。一般的に、狭くて人通りの少ない通りが、娼家の設置に適さないことは明白である。住民の少ない、ごろつき連中の集まる地区に置かれた場合、これらの娼家は通行人にとって非常に危険なもの――ヒモたちがいとも軽々と通行人から物をかすめ取れるから――になる。治安活動は役に立たなくされ、無秩序状態の抑止も不可能になってしまう。しかし、これらはすべて、娼家の管理状態、構成様態、道路の配置、そこに住む人間の社会的地位などによって非常に変化する。

パリには、はるか昔から、売春の巣窟としてよく知られ、そこでは何をするにもうまくいったためしがなく、誰でも何か目的がある時にしか入っていこうとせず、その町や地区に無縁の人間なら、たとえ近道をしたいと思っても、そこだけはけっして通ろうとはしない狭い路地——しかも、それがお屋敷街にあるのだ——がある。このような路地については、当局はけっして認可を拒まず、さらに、多くの厄介事をもたらす悪の巣窟をこうした場所に覆い隠せてもっけの幸いとさえみなし、どの地区にもこれと同じような路地があってほしいと望んでいる。残念ながら、一般的にみると、そうした地区は例外を形作っているにすぎない（ジョリ通り）。

五　都市の特定の地点への娼家の集中について。その示す利点と不都合

地区《カルチエ》、これをもっぱら一つの全体、または同一の特殊な地域《ロカリテ》を形成するものとして見た場合、娼家の集中という見地から検討に付されてしかるべきである。こうした娼家は、都市の特定の地点に集中しようとする特別な傾向を持っており、そして、それぞれの娼家は、属するジャンルに従って、この地域、あの地域というように好みの地域を選び取っている。この集中のもたらす利点と不都合については、見解はまちまちである。警視などはこれをとても不都合とみなしているが、逆に、当局側は大なる利点を認めている。

警視たちにとって、多数の娼家を監視し、そこに秩序を確立したり、また社会のくずとか汚泥とも呼べるような連中から調書をとったりすることでしょっちゅうわずらわされるというのは、本当に不愉快な仕事に違いないことは、誰もが一致して認めている。したがって、彼らの報告書には、ほとんどいつ

もと言っていいほど、当局に向かい、認可が下りていない場合はこれを拒否するように、すでに認可が下りてしまっている場合はこれを取り上げるように——しかも、これをしばしば、娼家とそのすべての付属物の適切な配置を承認しながら——促すことを暗に目的とした観察記録が認められる。警視たちは皆、これらの娼家が存在するために課せられる負担が平等に振り分けられることを求めている。つまり、隣りの地区にはそうした負担が少しもないのに、当該地区にはあまりに重い負担が課せられているといった哀れな特権など持たなくてよいようにと。彼らは述べている。「こうした遊蕩に興じる家々を同一地域に集中させること、それは売春を人目に立たせ、たび重なる破廉恥行為でこれを一層醜悪なものとして人目にさらすことになり、また地区住民に、彼らの選んだ住居を放棄するか、それとも売春婦の存在が日々繰り拡げている無秩序状態や破廉恥行為の情景を甘受するか、苦しい二者択一を迫ることにもなる」。

警視たちのこうした観察に対し、当局は次のように答えている。「売春婦の一カ所への集中が重大な不都合をもたらすとしても、こうした不都合は、とりわけ何カ所かの地区に対し、中央当局からの監視の目が十分行き届くようになるという利点とうまく釣り合っている。シテを例に挙げるなら(8)、この地区の家はとても住めるような代物ではなく、特別な何軒かを除くと、そこは貧困家庭や、単に低家賃という理由だけで引き寄せられてきた間借人しかいないこと、もう何世紀も以前から、売春はこの場所に集中していたこと、住民たちはすべて、そこにくる前から、こうした不都合を承知していたこと、さらに、売春の集中が疑問の余地なき不都合をもたらすとしても、それは悪を一点に集中させるのに対し、他方、悪所が別の場所に移し替えられたとしても——その性格から、類似の場所になるが——、それが辺鄙なところであればあるほど、その災禍を拡げる源になること、集中という状態であれば、危険個所の存在地域は一目で把握でき、したがって、監視も非常に容易になり、救いの手も即座に、それゆえより効果的に差し伸べられること、いわば、同時にどこにでも行けるのに対して、これと逆の場合では、多数の警察官が必要になるか、それとも、どれだけ法を犯そうと罰せられずにすむ状態を甘受しなければならないこと、この集中により、その存在が常に必要な人びとに対し、常に監視の目を光らせていることができるのだ」、と。(9)

こうした考察に加えて、以下のような考察も付け足すことができる。もしシテで娼家が廃業させられたり、新たな娼家開業の許可が容易に下りなかったら、そこに住んだり、足を向けたりしている悪人たちにおびき寄せられてきた最下層の売春婦はすべて、近くの安ホテルに逃れていくだろう。これは、結局、無秩序状態を少しも減少させることにはならず、ただその場所を変えたというのにすぎないだろう。さもなくば、娼婦たちは路地や、当局の目の届かない、窃盗、馬鹿騒ぎ、胸のむかつくような光景が何のおとがめもなしに繰り広げられている、ブドウ酒やブランデーを売る安酒場へと散っていくだろう。それゆえ、こうした娼家は、現にそれが存在するところで、いわば、それが居住権を得ている場所で、あるがまま受け入れなくてはならないのである。なぜなら、今日の社会状況では、ある地区からこの種の建物を除去しても、それは別の地区により一層大きな負担を強いるだけだからである。

娼家をこのように限られた場所に集中するについては、当局側に多大な慎重さと配慮が必要になる。いわば、娼家を地区のしきたり、習慣に合わせなくてはならないのである。例えば、フェイドー地区では、代々継承されてきたこの地区の性格、構成、作法《しきたり》からみて、シテやアルシ地区にしかないような建物は認められない[10]。実際、ある場所では目立たぬ建物でも、別の地区に行けば大騒動を起す因になり、当局に向かって、怠惰で背徳的との非難が集中して浴びせられるだろう。

認可を下すに際しては、道路が静かであるか、馬車や歩行者、騒々しい人びとでいつもごった返しているか——そのどちらも、住人は上手に住んでいると仮定して——に応じて、当局の姿勢は変らなくてはならない。人口の多い、騒々しい地区では、娼家は雑踏にまぎれて目立たない。ところが、これと逆の場合では、それは市民の目に強烈に浮かび上がり、認可されたなら、住民の目にはなはだしい不快感を与えずにはおかないだろう。どんな悪所も——特にごろつきやヒモの隠れ家になっている最下等の娼家が問題の場合——、軍隊駐屯地が近いか、それとも遠いかが、考察の非常に重要なポイントになる。パリ警視庁に隣接するシテでは、無秩序をもたらす多くの要因があるにもかかわらず、見事と言っていいほどの秩序が保たれているのを、私はいつも目にしてきた。私が調査できた視察官たちの報告書は、今、上述のことをすべてはっきりと証明している。報告書によれば、いかがわしいことこの上なく、さらになお住み方の悪い何軒かの娼家が実に驚くほど平穏な理由は、まさに憲兵隊詰所がほんのすぐ近くにあったからである。したがって、ナポレオンが娼家を軍隊駐屯地から遠くに置こうとしたのは全くの間違いだった。娼家が駐屯地に閉じ込められた人びとに害悪を与えるかもしれぬのは事実であるが、屯所に町のためにあるのであって、兵士のためにあるのではないのだ。

六　お役所用語で売春宿の意味するものについての重要な考察

女将のすべてとは言わないまでも、その大部分は、彼女たちの娼家に身を寄せ、放蕩者どもに身を委ねている不幸な女たちを利用するだけで満足してはいない。彼女たちはさらに、男女の別なく、ほんの短い時間、多かれ少なかれ豪華な家具付き部屋を求めてやってくるすべての人間に、その建物を開放している。この商売はパリのどの娼家でも行なわれているが、なかにはこの商売だけを専門にしているところもある。こうした娼家にいる売春婦の数は少なくとも二人である。もし警察が形式上その存在を要求しなければ、それがいないことさえあるだろう。その理由は後に述べるつもりである。

　これらの娼家に通う客とはどんな人びとだろうか。道徳及び衛生上の観点から、これらの娼家の与える影響を知るため、これはぜひ知っておかなくてはならない重要な点である。

　すでにみたように、売春婦は全体で三つの階層に分けられる。一つは娼家に身を寄せるもの、他は私室に居住するもの、三番目は最下等の安ホテルに追いやられているものである。二番目の階層の女の幾たりかは、自分の住居で商売に励んでいるが、大多数のものはそうではない。しばしば折り重なるようにして詰め込まれた小部屋で夜を過している三番目の階層の女についても同様である。

　ここで今問題の売春宿が役立っているのは、まさに後の二つのカテゴリーに属する娼婦たちである。彼女らは後についてきた男性客や、自ら道端や入り込んでいったあらゆる場所でひっかけた男性客を、そこに連れていく。こうした生き方についてそれほど深く考えてみなくても、多くの売春婦が女将のお抱え女という状態よりそうした生き方の方を好むものだという理由は、容易に納得できるだろう。というのも、自由な生活を享受でき、稼ぎは全部自分のものになり、気に入った客しかとらなくてよく、今日はここ、明日はあちらというように、広いパリの町のどんな場所でも商売に励むことができるからである。立ちんぼう《スタシオヌマン》、客引きの条項にあたれば、売春婦の生活のこの特別な部分に関する理解不明な部分をすべて補ってくれるだろう。もし女将がパリ警視庁に認められた登録済みの売春婦だけを受け入れていれば、彼女らの与える害悪はそれほど大きいものではないし、また何の危惧も抱かれず、こうした事物の秩序は容認されるだろう。しかし、現実はそうではなく、実情は以下の通りである。

女将はパリの召使いたちに素晴らしい収入の道を提供してやっているのである。というのも、召使いたちは買物に出かけ、外見上は主人の利益のために気を配っているのだと思わせながら、その実、与えられた時間から半時間をかすめ取り、こうしても、彼女らの利益にとって非常に重要な品行方正という評価を保持できるからである。またそこでは、一日の仕事を終え、ちょっとした変装をして、愛人や声をかけてきた男たちを連れて駆けこむ女工の姿も見られる。既婚の婦人が堂々とそこへ足を向けたりするし、男が口先だけの約束を並べ立ててだました乙女を連れてくることもしばしばである。最後に、これらすべての売春宿によく通じ、人混みや公道で探し求めた男をつれて行く、年のころ一二歳、一三歳、一四歳というような年若い娘の姿を認めることも稀ではない。またこうした売春宿の中には、二、三流の役者とか、パリでは非常に数多い舞台女優を専門にしているのもある。

売春のこうした特殊な様態こそ、大多数の警察官に、売春を助長する売春宿を監視し、これを他の何にも増して危険な存在であると考えさせてきた理由である。しばしば秘密のヴェールに身をつつみ、どんな行動も慎重の上にも慎重にしたため、ほんの身近な隣人さえも気づかれなかった人間の手で管理されていた売春宿もあるからこそ、こうした監視はなおさら必要となっている。こうした女経営者の一人は、あまりに巧妙かつ要領よくその商売を営んできたため、二人の娘婿——とても誠実な人間だったが——は、彼女の死後になってはじめて彼らの妻が持参金にもってきた五万フランと、相続財産に認めた同額の資産の生じた不浄な資金源が何であったか理解できたという有様だった。

［……］当局が、遊蕩行為にあてられている売春宿に、このように一時的に過しにやってくる女性を、すべてがすべて売春婦だとみなせないことは当然である。当局は、彼女らにも、彼女らと一緒にきた人間にも何の権限も持っていないし、世人の顰蹙を買う行為だといって彼らを非難する必要はないし、彼らが自分の好きなように行動するのを妨げることもできないのである。もし他のやり方をとったりしたら、自らの評判を大いに落すことになるだろう。売春に関するすべてのことがらと同様に、ここでは、防げないものは許容するという術を心得ておかなければならない。

女将は、ここではまだ効用があり、万人の利益という観点に立てば、これをしっかりと監視し、こうして、その悪しき本性、魂の下劣さ、背徳的習慣が彼女らを否応なく引きずり込んでしまう限界を乗り越えないようにすることでよしとしなければならないことを認めておく必要がある。

この目的に到達するため、現在まで当局の見出した方法はたったの一つだけだった。それは、独自の特別な方法でこの種の商売に専念しているすべての娼家に、警察条例に従う登録済み娼婦が、少なくとも永続的に、常時、二人いるようにすることだった。実際、経験から、この娼婦が存在するだけで、娼家を経営する女性に畏怖の念を抱かせることが確認されていた。事実、経営者はこの娼婦を、自身の犯したあらゆる違法行為を当局に密告したり、年齢からも、その他あらゆる状況からみても、これらの売春宿には背を向けていなければならない人間を告発するスパイのように見なしていた。さらにまた彼女らの存在は、これらの売春宿への無料診療所の外科医の検診を必要なものとし、昼夜の別なく、いかなる時間帯であろうと、視察官の立入りを正当化してくれるのである。［……］

第五章

当局の記録簿への売春婦の登録について

一　登録の必要性と利点

こうした史的概念は――私はその概略を示したにすぎないが[1]――、昔から売春婦の記録という仕事に与えられてきた重要性と、常にその仕事は、売春の避け難い無秩序状態を防止するための最重要手段とみなされてきたことをはっきりと示している。実際、治安当局の注意を惹くすべての人物について、その個人的特徴を把握しておくのは必要なことではないだろうか。登録により、職員は売春婦をはっきり摑むことができる。身元の明らかにされる手段のあることがわかれば、売春婦の行動も一層慎重になり、ふしだらな行為に身を委ねることも少なくなり、違反行為で捕まるたびに、偽名を使用するなどという事態もずっと少なくなるであろう。

こうした利点が、売春婦の側から示された資料で満足する単純な登録の結果だとすれば、出生証明書の提示は、多くの点からみて、いかに大きな実益をもたらしてくれるものであるかは簡単に納得できるだろう[2]。この方法を使えば、両親や司直の追及の手を逃れることはもはや不可能である。未成年者や、家族の利益にとって、その存在がどうしても必要な人間も簡単に見つけ出せる手段にもなり、またそうした人間が死んだりしたような際には、その死を知らせてやることもできるのである。風紀取締局では、この種の事例は、何週間もの間を置かず、しょっちゅう生じている。

次に、この登録に際して採られている方法を検討してみよう。

二　売春婦登録に際して採られている方法。この深刻、重大な問題で、当局によって採られているあらゆる手段の称賛に値する知恵

登録された売春婦は、以下の三つの明確なカテゴリーに分類できる。

自ら出頭して登録を求めたもの

女将に連れられて登録を受けたもの(3)

視察官によって逮捕され、強制的に登録させられたもの

以上の三つのケースでは、どれもまず最初、娼婦への調書作成から始まる。最初、個人表に、姓名、年齢、出生地、職業、現住所が記載される。この個人表は、視察官によって、すぐさま司法情報局に届けられる。

この調書作成をさらに続けて、また以下のような質問が行なわれる。

既婚者か、やもめか、独身か

両親は健在か、その職業は

両親と一緒に暮らしていたとしたら、いつからそこを離れたか、離れた理由は

子供を産んだことがあるかどうか、今も子供を育てているかどうか

いつからパリに住んでいるか
パリに呼び寄せたものがいるか
逮捕の経験はあるか、あるとしたら、それは何度で、どんな理由か
すでに今までどこかで売春の道に入っていたことがあるか、あるとしたら、いつからか
現在、あるいはすでに何度か性病に罹ったことがあるか
教育を受けたことがあるか
登録を決心した理由は何か

即答を促すこれらの質問は、直ちに質問者に、相手がどんな人物であるかを教えてくれる。その娼婦が退廃し、何の資産も持たない人物か、答えは真実かどうか、売春の道に入ってまだ間もないものかどうか、売春を隠れみのにして身を隠そうとしているのではないか、どのような社会階級に位置づけたらよいか、まだなお多くの情報が必要な人物なのかどうかなど。娼婦らへの絶えざる観察と、常に質問するという習慣は、質問者に、一般的にはすべての職員に、本当に素晴らしい慧眼と洞察力を授けてくれた。このことを確認する機会はしょっちゅうだった。無料診療所の医師の言では、初めて診察を受けにきた娼婦の坐り方を見ただけでも、それが古株か、それとも新入りの売春婦かを見分けるのに役立ってくれるそうである。(4)

質問が終り、答えが調書に記入されると、視察官は娼婦の姓名、年齢の記載された個人表を受け取り、そして彼女を保健衛生局へ連れていく。診察を終ると、医師は彼女を視察官の手に返し、身体に異常がないか、病気持ちであるかなどを記入したさらに別の一枚の個人表を彼に渡す。この証明書には必ずサ

インがつけられ、こうしてこの娼婦にあてられた記録簿の一部を構成することになる。

こうする間に、情報局からの回答がくるが、これがしばしば調書で娼婦の述べたすべてのことがらの真偽の確認に役立ってくれる。

以上ここまで、私は名前を知り、身元を確認するため、娼婦になされる質問の数々を提示した。しかし、娼婦たちの述べた答えの真実性や正確さは、一体誰が保証してくれるだろうか。すでに本書の中で、売春婦の風俗、習慣について触れ、偽名や変名を使用する売春婦が、かつては驚くほど多かったという事実を示した際に述べたことが、この点に関しいささか疑念を抱かせるに相違ないだろう。したがって、再度述べたように、出生証明書の提示を待ってはじめて決定的な登録とし、先に採り上げた最初の登録は、単なる臨時の、純然たる予備作業とみなすことに決められたのである。

売春婦登録簿への登録を求めて出頭してくる娼婦で、出生証明書を携帯するものは稀である。パリに上京する際支給されたパスポートも、これを持つにもかかわらず、ほとんどといっていいくらい保持していない。[5] 逮捕し、強制的に登録させせようとする売春婦たちが、これを全く所持していないのも、上のことから納得されるだろう。この書類を提示できるのは、ほぼ六〇～八〇人のうちで一人くらいの割合である。この不都合を解消しようと、当局は直接市町村長に問い合わせることに決定した。こうして、当局は各市町村長に宛て、娼婦が成人か未成年者で書式の異なる依頼状を送ることになったのである。

［……］登録に際して、娼婦たちに、課せられるいくつかの義務を履行しなくてはならないという宣誓書と誓約書に署名させるのは、彼女らに絶え間なく科さざるをえない懲罰にある種の合法性を与えるのが主たる目的であった。宣誓書と、これに続く誓約書は、娼婦と当局との間で交された一種の双務契

約とみなされている。[6] 宣誓書の下段に彼女らの署名を、署名できぬものについては、署名に代る別のマークを記すことが重要なのはそのためである。この方法を無意味な手続きだなどとけっして考えないようにしよう。というのも、売春婦の意識と気質を十分考察した人びとはこぞって私に、この不幸な女性たちの目には、署名捺印という行為はとても重大事に映っており、単に×印しか記入できなかったものも、きっちりと署名できたものと同じように、自身を契約を交した人間と思っているのだ、と断言してくれたからだった。彼女らをこのように信じさせておくのは賢明なやり方であるから、現在まで保持されてきた習慣はけっして廃止すべきではない。

［……］以上これまで、私は登録を求めるに際して、娼婦自ら出頭するか、それとも女将が彼女らに代ってこれを請求しに行くか、そのどちらかであると推定した。しかし、すべての娼婦がこれに該当するわけではない。無理やり、強制的に登録させなくてはならない女もいる。彼女らについては、職権による登録という形が採られていると言われている。

この階層の娼婦は、公共施設、散歩道、町の通りや広場で売春に身を委ねていたり、公道で客の袖を引いたり、品位や良俗に反するその他数々の違法行為を犯している際、視察官に取り押えられた女たちばかりである。いずれの場合でも、視察官はこれらの女を取り押え、逮捕時の詳しい状況を述べた報告書を作成し、即座に彼女らを警視庁に連行しなければならない。

この場合、女が登録を拒んだり、売春などしていないとか、逮捕は不当であるなどと強硬に主張する時は、当局はこれに十分配慮し、しばらく様子を見守らなくてはならないことは納得できるだろう。[7] したがって、最終的には、三度、時には四度同じ罪を犯すまではけっして登録はしないのである。しかし、こうした用心深い処置は、ただ単に慎重な上にも慎重に事に対処しようとするためだけである。というのも、絶えざる観察から、売春行為で逮捕され、次いで釈放された女で、自ら登録を求めてこないようなものなら、例外なくすべて、またしばらくして再逮捕の羽目に陥るのは火を見るより明らかだからである。［……］

第六章　さまざまな状況下の売春婦たち

一　娼家の女将、あるいは女主人

公認の娼家の経営、管理は、単に商業や産業の一分野としてだけでなく、治安、行政の面から見ても、常に女性の独占的権利だった。仮に男性がこれに関与していたとしても、本章を構成する諸節で述べる詳細な事実からも読み取れるように、それはもっぱら間接的で全く副次的なやり方でそうするだけだった。

二　この特殊な階層を構成する女性は、どんな人間で、もとは何をしていたのか

女将という地位と肩書は、売春稼業に入って到達できる最高の位であり、それゆえ、すべての売春婦の羨望の的であるから、彼女たちがどこの出身で、この商売を営むために必ず備えておかなくてはならない許可証を手に入れる前に、この社会で何をしていたかなどについて少しばかり触れておくのは賢明な方法だろう。

彼女らは明確に四つの階層に区分けできる。

まず最初は、ありふれた表現を使えば、社会を巡り歩いてきた女、すなわち、ある期間囲いものにした後で、何がしかの金銭を渡したり、保証人になってやったり、手持ちの金だけで放り出して厄介払いしたりする、フランスや外国の高級官吏や金持ちたちにつきまとっていた女である。その持つ才知と上流社会の慣習とが非常に危険な人物にし、かつ行政に大きな害悪を与えているこの策謀をめぐらす女の姿が見られるのは、まさに彼女らの中である。

次は、娘時代にかなり貯金をし、単独でその職に従事した後、その蓄えを注ぎ込んで、もっと安楽に暮らせ、老後も彼女らがそれまで生活の糧としてきた、またけっしてやめることのできないだろう職業を続けていける社会的地位を手に入れた老売春婦である。

また以前の召使いや、女将の信頼厚い女性が、営業権取得について女主人に了解済みだったり、女主人の死や破産で後を引き継いだりすることもしばしばである。これらの女性は、彼女らの暮らしてきた場所のしきたりをよく心得ていて、逃げ込んできた娼婦や足繁く通ってくる男性のあしらい方に十分通じているから、この点では実に貴重な存在である。したがって、当局は彼女らを秩序と内部の安寧を保つ保証人とみなし、進んで規定の条件を満たしてくれれば、他のどんな女性よりも好ましいものと考えることになる。

女将の最後の層は、一度も売春婦の経験がなく、しばしば結婚していて、子供もあるというような女性からなる。彼女らをこの商売に引き入れたのは金銭欲であり、売春婦で一杯にした貸間を維持していくためであり、そこに売春婦を泊めるのも、酒場や飲屋をはやらせ、そこに男たちを殺到させるためである。上の女性たちと同様に、この女性たちのいるのはまさしく、最も低級な最下層の売春宿である。

パリには、数世代前から、娼家の経営以外の商売をしてこなかった家庭がある。母親がある地区で、娘が別の地区でその職に従事したり、娘たちが母親の後を継いだり、姪たちが伯母の後を継いだりというような姿が見られる。がしかし、一般的には、これはきわめて稀で、こうしたケースが挙げられるとしたら、五、六家族くらいのものである。

女将に関する書類綴りで私の目にした通達や報告書類は、彼女らの反道徳性のみならず、その家族すべての反道徳性も明らかにしている。そこで問題とされているのは、不義密通やあらゆる種類の醜悪な行為ばかりである。ほぼすべて売春婦出の彼女らが、この種の類似点を持っているのは驚くべきことだろうか。

三　公認の娼家の上手な管理のため、彼女らが備えておくべき、かつ当局の強く要求する美質。許可証を入手するための手続き

娼家を上手に管理し、当局に十分な保証を与えるため、女将が提示しなくてはならない条件がいくつかある。その最も重要なものは何か、以下に少し述べてみよう。

娼家の優れた維持、管理に不可欠な売春婦への支配力を保持し、そこに足を向ける男性客すべてに対し、喧嘩を中止させ、静寂を強い、よき秩序を保っていくには、彼女らがあまりに若すぎてはいけない。どの階層に属するにせよ、二五歳以下で、娼家のよき女将になれることなどめったにないことは、観察から証明済みである。売春婦という職に就いたことが一度もなく、したがって、その種の女性の持つ特殊性を隅々まで心得てはおらず、さらに、金儲けのためだけで――そのためには、どんな手段をとって

も当然だと考えている――許可証を求めたような場合、(1) こうした支障は一層大きくなる。

［……］一般的に言えば、売春婦の経験が一度もないような女性に、娼家の営業許可を認めるのは大きな不安がつきまとう。しかし、置かれた立場から生じるさまざまな不都合は、どの地区でも同じというわけではない。こうした不都合は、フェイドー地区や隣接する他の地区より、最下層の娼家やモルテルリ通りのような通り、シテやアルシ地区の方がずっと小さいだろう。この点については、他の多くの状況と同様、当局は固定的な、一般的規則に従って行動すべきではないし、また大きな害悪を避けるため、小さな害悪には目をつぶらざるをえないこともしばしばである。

強固な意志、活力、精神的・肉体的気迫、命令癖、雄々しく威圧的なところ、これらが女将に要求される要素である。

これらの特性に加えて、立派な前歴を持ち、再犯でつかまったこともなく、誠実で、もぐりの売春に手を貸したこともなく、飲酒癖もなく、読み書きができ、一介の売春婦だった時期に、規律違反癖で目立つような人物でなかったなら、要求する認可を与えて何の支障もない。残念ながら、後に述べるように、考慮すべき重大な問題点を大目に見たり、要求されるすべての条件をとうてい満たしえないような人間に許可を与えざるをえないこともしばしばである。

［……］営業許可証を入手したいと出頭する女性は、そこにある家具すべての所有者であること、さらに確かな受取証書でこの所有を証明することが何よりも必要である。このような方法をとるに至った理由については、ここで少し話を中断してみるだけの価値はあるだろう。

家主、転貸人は彼らの部屋をより有効に利用するため、これにきちんと家具を備えつけ、こうしてその仮の名義人にすぎぬ女と意を通じ、この女を介して、そこに売春婦を入れる許可を手に入れる。この女がもはや当局の支配下にはないこと(2)、彼女はその主人《パトロン》の裁可を仰ぐことなしには、下された指令には従えない――主人は彼女をいつでも気の向くまま追い出すことができ、こうしてその家を多かれ少なかれ長時間にわたり、監視下から外しておけるわけだ――こともこうして生じるのである。しばしば室内装飾業者や家具商人も同様に振舞い、そのため幾たりかの家主と共謀している姿も見られる。

金儲けの才覚はあるが、肝心の金がけっして十分にあるとは言えず、自分で家具を備え付けた娼家を同時に数軒管理しているという、抜け目のない、巧妙な女将もいる。彼女らはこうした一軒を自身の手で経営しているのだが、残りの娼家の許可証は又貸しした女性の名義になっていて、日々の上がりはその名義人から受け取っているのである。

こうした転貸借とか再譲与が自由に行なわれ、それが慣例通り、各週末時の規則的支払いの義務だけを課すのであれば、転借人あるいは譲受人はその契約を履行するだけでよく、自宅でゆったりとくつろいで、当局の命令に従っておればいいだろう、一言で言うなら、娼家の真の女主人となれるだろう。だが、今ここで採り上げる投機家たちの賃借人に対してとる態度はこうではない。もし賃借人が一〇フラン、一五フラン、さらに二〇フランの日々の上がりを一週間支払わずにいたりすれば、彼女はすぐさま追い出され、別の女性が自分を売り込んで、その地位に取って代ってしまうだろう。

そこから一体何が生じているか。

女将の資格は持っているものの、この名義人は、抱えている女たちに何の権威も保てない――女たち自身主人の従属的立場をよく承知しているから、主人に従おうとしない――ことになる。さらに、この名義人は、報酬として入る金のほかに、利益を上げようとして、思いつく限りの方法、しばしば非常に邪悪なと呼んでもいいほどの方法を用いることである。配下の売春婦に好き放題をさせたり、入れてはいけないような人間もどんどん入れる、つまり結果など少しも恐れず、忠告や規則を無視してしまうのである。

この場合、娼家にいる売春婦に対し真の権威を持つ本当の家主が、自分の気分次第で、または女将の気分次第で、女たちを勝手にこちらからあちらへと移すことがよくある。それが台帳や登録簿の絶え間のない変更を生む因になり、さらに秩序の面でも、無料診療所の検診の面でも、監視に害を与えているのである。

事実、事業や投機のために生まれてきたようなこうした女性の中には、パリにこのような建物を八軒も持ち、さらに別に、市中に、一階から屋根裏部屋に至るまで私娼で溢れかえっている二、三軒の娼家の転貸人になっているものもいた。

［……］娼家を経営しよう、あるいは別の女主人の後を継ごうとする女性は、外観上は実に有効な証明書や承諾書を作成しようと気を配るので、自身の名義でなのか、他人の名義でなのか、そのどちらで働きかけているかを見分けるのは必ずしもたやすい仕事ではないにもかかわらず、現在こうした悪用はもはや存在しないと断言してもいいだろう。というのも、この行為で有罪と認められたら、即座に許可が取り消されてしまうからである。

営業許可を求める女性はすべて文書で願い出て、これを警視総監に提出しなければならない。裁定を下すに先立って、その個人について、また当該地域の適合性について、地区警察署に種々の情報、資料が求められる。無料診療所の役人《オフィシエ》や、立場上有益な意見を与えられる職員にも同種の資料が要求される。裁判で有罪の宣告を受けたことがあるかどうか、なんらかの形で警察の監視の必要がある人物かどうか、などが治安記録簿で検証される。最後に、苦情処理の部局や情報局でも同様な探索が行なわれ、売春婦の経験があれば、記録簿に記載されている記録が調査・検討に付される。健康状態確認のため──売春婦の経験がある場合に限られるが──、検診を受けさせることも怠らない。というのも、女将は普通の売春婦のように、この種の検診を義務づけられていないからである。要求が認められると、負うべき義務、果すべき責務を教えるため、女性を召喚する。同時にまた、審議にかけられた女将が、その管理下で持つべき売春婦の人数が明記された手帳が渡されるが、その冒頭には以下のような注意書きが記されている。

娼家の女主人は、自家に姿を見せた女性はすべて──娼家の従属下にあって、そこに固定して住む女であれ、それとは別に住む女であれ──風紀取締担当局に、二四時間以内に報告しなくてはならない。

女性の現われた日が土曜日なら、この報告には三日間の猶予が与えられる。

娼家の女主人宅に固定して住む女であれ、それとは別に住む女であれ、娼家の従属下にある女性がそこを離れるようなことがあれば、女主人は同様に、これを担当局に報告しなければならない──それも上述の状況に応じて、二四時間以内か、三日以内のどちらかである。

この義務は厳守されなくてはならない。

この手帳は二つの部分に分かたれている。一つは監督下に置かれた売春婦と女将の責任の記載に、他は居住者《パンシオネール》、すなわち人格や行動に何の拘束も受けず、相互に交した約束に従い、女将が部屋やその他諸々の衣類を提供した娼婦たちの記載にあてられる部分に。

最初の部分の各ページは、四つの欄に仕切られている。初めは娼婦の名前と年齢、次は娼家に入ってきた日が入り、三番目は検診の行なわれた日にあてられ、最後の欄は出ていった日を確認するために残しておかれる。

娼家の居住者《パンシオネール》には検診は行なわれないので——というのも、彼女たちは自ら無料診療所に足を運び、検診を受けなくてはならないから——、手帳の彼女らにあてられている部分には、検診の記載欄は含まれていない。

四　女将が必要な女性を補充する方法

女将が娼家に家具調度類を入れ、これを維持していくために、必要とする女性を入手する方法は、階層やその他数多くの状況に応じて異なる。

一般的には、若い娘が身を持ちくずすところは、娼家などではないと言える。女将が年若い娘や、幼い子供と表現してもいいほどの乙女を抱えていることなぞめったにない。女将に注がれている監視の目、治安取締局の支配下にあること——当局はいつ何時であろうと、取締官を娼家に立ち入らせることができる——、こうしたものが彼女らにあくまで義務を守らせ、すでにその身に浴びせられている汚辱に、さらにまた新たな汚辱を付け加えることを妨げているからである。

施療院、なかでも特に性病患者用施療院(3)が、女将にその人間の大部分を供給する場となっている。彼女らはこれらのすべての場所に生じた出来事を逐一報告し、気に入ってくれそうな人物についての情報をもたらしてくれる密使を放っている。時として、この密使には、病気で一時的にその仕事を中断せざるをえなくなった娼婦がなることもある。性病患者救済院で出会うのは、すべてこの種の女性である。しかし、他の場所ではどこでも、もはや自前では一銭も稼げず、疑われる度合がより少ないことで一層危険な存在といえる、周旋屋を本業とするとうの立った老娼婦が、この任務についている。彼女たちはその唯一の隠れ場たる施療院の常連であるから、そこに入る手段などいつでも簡単に見つけられる。入ってきた乙女がどんな人間か、かつてどんな人間だったかを、そこで必死に探ろうとする。こうして乙女を丸め込み、そしてその若さ、美しさの程度、ものの考え方などに応じて、どこの女将に適しているかを瞬時にして見分けてしまうのである。私はこうした状況で書かれた手紙を何通か入手したことがある。それは実に興味をそそられるものだった。見つけたばかりの人物の人物像を女将にしっかり把握してもらおうと、これをすでによく知られたどこそこの娼婦と比較したりする。美少女でないと正直に白状していることもしばしばである。だが、愛らしい人柄やものの考え方は余すところなく描写している。さらに、気に入ってもらえそうな男性のタイプや社会階級、その女性を抱えたら手に入るに相違ない成功の可能性も示唆したりしている。施療院に入る時まで娘がどんな生活をしていたかとか、最も貞節な娘は、同郷の若者とだけ遊んできたものであるとか、といったことも伝えられている。

どの場合でも、人物の質に応じて十分だったり、ちょっぴりだったりする特別手当こそ、この周旋屋の手にする褒賞である。雇用契約を受け入れることによって、娘に支給される贈物は別として、この特別手当はしばしば五〇フランにもなることがある。この贈物は、普通の場合、ドレスとショールであり、加えて、まだ施療院に入院していなくてはならない時は、その期間中、週四、五フランの一時金も入る。

パリを取り巻くすべての県の多少なりともましな娘はみな、性病にかかっても手当てが受けられないため、馬車に乗ってわれわれの施療院[4]にやってくる——そこで他の一般の患者と混じり合うのだが——ことを知れば、この階層からの採用がどんなに簡単かは容易に理解できるだろう。久しく以前から堕落した道を歩み、飢餓から脱出したり、施療院出所後の安全地帯を見つけたりするために、売春に頼る以外何の方策も持たない、失職中のあの召使いやありとあらゆる種類の女工たちからの採用も、これと同じく簡単である。

地方に連絡員を置いている、抜け目のない悪知恵の働く女将もいた。そのうちの一人は、絶えず工場地帯を旅して廻り、施療院を物色する女たちの書く手紙の文面と全く同じような文面の手紙を書き送ってくる外交員を抱えていた。その場合、手に入れた娘は馬車で送られ、逃亡されぬよう、到着時にその場に居合わせられるようにと——通知状で到着が知らせてあるのだ——細心の注意が払われている。

同郷者で、しかもどんな場合でも、まっすぐ彼女らの下にやって来た娘しか入れようとしない女将もいた。この女たちは生まれ故郷の品行悪しき連中に、身を隠したり、親の目を逃れたりする場を簡単に与えてやるという点で、実に危険な存在である。したがって、彼女たちの生活のこうした特殊性に気付くたびに、誰もが念入りに監視の目を光らせるのだった。とりわけ売春がもぐりで行なわれている場合、危険は非常に大きいものである。

登録所にすべて同じ職業の娘しか連れてこない女将のいることに、数年前気づいたことがあった。ある女将は羽根細工師、別の女将は花屋、他の女将は研磨工[5]を、というように選んでいた。資料を集め、調べた結果、彼女たち自身かつてこうした職に就いていた経験があり、娘たちを手に入れたのも、それらの仕事場で得た知識を十分に利用した結果であることがわかった。

同じ頃、ある女将は、召使い（男・女）の斡旋を生業にし、パリの街の壁という壁に偽の広告ビラを貼って歩く例の人びとと意を通じていた。この男たちは事務所を訪れた可愛らしい娘を一人残らず彼女らのもとに差し向け、こうして数日も経つと、不幸な娘たちは召使いの身分から売春婦へと転落していくのだった。

商売を大規模に展開し、自ら旅に出て、年に二、三度、ルーアン、ルアーヴル、フランドル地方の諸都市、特にブリュッセルなどを巡り歩く女将もいる。彼女たちがこうした諸都市に娼家を持っていなくても、少なくともそこの娼家の営業には関係しているようにみえる。もしそうでなければ、どうして彼女たちは、それぞれの地域《ロカリテ》の必要と要求に応じて、抱える娼婦を絶えず、ある地点から別の地点へと移動させたりするであろうか。ある町の乙女たちに、別の町での安全な隠れ家を保証してやることで、いともたやすく彼女たちを腐敗堕落の道に導いていくこと、それこそこの種の女性――幸いにしてその数は少ないが――を、前述の女性たちと同じくらい危険な存在にしているのである。

五　自家におびき寄せた女性を配下に置くため、女将の用いる手段

彼女たちが求める服従と尊敬

彼女たちはすべての売春婦の軽蔑と憎悪の的である

娼婦が娼家に入るに際し、この両者間で文書に記された契約書がともに取り結ばれることなどけっし

てない。この点については、契約当事者周知の、かつ代々継承されてきた習慣やしきたりが存在している。だが、どんな場合でも、娼婦は自由であり、そうしようと思えば、いつでもそこから出ていくことができる。(6) 社会のどんな階級でも――どんな人間でもと言っていいかもしれない――、売春婦くらい自由を尊重する人間はいない。自由こそ彼女たちの唯一の宝なのだ。

不幸なこの女性たちは受け入れてくれた娼家の女将から給金をもらっており、それは彼女たちのもたらす稼ぎに見合うものである、と一般に信じられている。この点については、どうか思い違いをしないでほしい。重い病気にかかる危険に身をさらしているのも、数年後の恐ろしい貧困生活を思って残忍な仕打ちにじっと耐えているのも、それはただ衣食のためだけである。

では、女性にこのような雇用契約を結ばせ、この種の生活を送らざるをえなくしているものは一体何なのか。彼女たちが決心した理由の中で、主なものをすべて以下に列挙してみよう。

一、彼女らの置かれている恐るべき貧困ぶり、すなわち、日常の生活必要品さえこと欠くような絶対的貧窮生活。この貧窮生活ぶりは、しばしば靴下も靴も下着もないほどである。施療院や刑務所を出所するにあたって、彼女たちを引き止めることのできた女将は、彼女たちが身につける衣服を送り届けてやらなくてはならず、またある娼家から別の娼家に移る時には、去っていく娼家の女将所有の衣服を持ってしかそうできない有様である。娼婦たちはこの衣類を指すのに特別な言い方――持主にこれを返す時、替《シャンジュ》えを返すのだと言う――をする。

二、支給される衣服の見事さ。時としてその値打ちは五〇〇～六〇〇フランにもなることがある。それまで日常身につけていたぼろ着とこれらの衣服の比較は、強烈な印象を与えずにはおかないだろう!

三、しばしばえもいわれぬと形容できるほどの豊富な食物、惜しみなく与えられるブドウ酒やリキュール酒、コーヒー、たくさんの甘い砂糖菓子。

四、立派な家具の備わったアパートに住み、いわばそこで客を手厚くもてなし、食事の用意をしたり、服を着せてもらったり、外出時には一緒についてきてもらえる――というのも、彼女らは自分でベッドを整えぬこともしばしばだから――召使いを持てるという満足感。あらゆる種類の屈従が常にその宿命であった、民衆の中でも最下層の女性たちが、このように心を魅了するあれこれにどうして陶然とさせられずにいられようか。したがって女将とは、人間の心や、これを牛馬のごとく利用するやり方を熟知した人間と言えるだろう。彼女たちは眩惑し、陶然とさせ、当節流行の趣味を満たしてやり、こうすることで、強要する苛酷な職務を甘受させているのだ。

苛酷な職務と述べたが、実際、彼女たちには、抱えている女性へのいたわりの気持ちなど一片もない。商売用語を使えば、これら不幸な女性たちは、おうちで働かなければならないか、さもなければ、施療院に入らなければならないか、どちらかである。彼女たちの生理時のさまざまな処置については、別のところで語っておいた。彼女らにはほんの一時の休息もなく、お得意客を拒絶するなど全く不可能な仕業である。妊娠したら、中絶させるために手荒な手段を用いたり、そのため毒薬と思えるような即効性の薬物を与えたりする女将を目にしたこともあった。パリの娼家の女将で、抱えている娼婦が身体の不調を訴えた時、医者を呼び、回復するまで自家で看護してやろうと思う女将など、ほんの三、四人にすぎない。

娼家の娼婦がその職で稼がなくてはならないのは、それぞれが属している娼家だけではない。お返しという名目で、また貸し馬車屋が同業者と馬をめぐって取引するように、適当な値段をつけて、女将たちは娼婦を相互に貸し合ったりする。自家にいる娼婦たちよりもっと多くのご贔屓客が来たような場合、すぐさま召使いが隣家に走り、要求された娼婦を一緒に連れて戻ってくる。しかし、抱えている娼婦からたっぷり利益を得るのは、特に二日や三日の期限を切って、一緒にピクニックに出かけるご贔屓客や部外者に娼婦を貸し出す時である。この場合、娼婦の美貌、魅力、とりわけその知性の度合いに応じて、加えてまた貸与された衣装の優美さや豪華さに応じて、料金は、一日につき二〇〜一〇〇フラン、あるいはそれ以上にもなる。だが、この貸与も、女将は検診やその他諸々の視察時に、抱えている娼婦を全員その場に出さなくてはならないことから、どんな場合でも、ほんの数日間に限定される。

　抱えている娼婦に対する女将の姿勢は、属している階層やその他多くの状況に応じて非常に異なることは容易に理解できるだろう。だが、女将のすべてが尊敬と敬意の念を払うよう威圧的に要求し、また一般的に言って、それは十分に与えられている。娼家の中にあっては、これは何も驚くほどのことではないし、パリ警視庁に行けば――彼女らはそこに仲間内の喧嘩の黒白をつけてもらいに行くのだ――毎日否応なく目にすることである。これはまた監獄でも――女将がそこに収監された場合だが――見ることができた。一流の娼家では、女将は娼婦たちのいる客間《サロン》とは別の、専用の広間《アパルトマン》を持っている。食卓の用意が整うと、まるで公爵夫人に対するかのように、それが告げ知らされ、彼女が姿を見せると全員起立し、彼女が腰を下ろすまでじっと立っていなければならない。テーブルの上座について、あれこれと指図するのは彼女である。食事中は見事なまでの秩序が行き渡っている。不作法な雑談など一言も聞えてこないし、食事が終れば、各自さっさと自室に戻っていく。

病気にかかった娼婦を自家で治療してやる女将も中にはいることはすでに述べた。それは愛情とか情深い思いやりから出た行為とみなしていいだろうか。断じてそうではない。彼女らに外見的には非常に称賛に値するような行為を行なうよう仕向けているのは、常にさもしい損得の意識である。このような行為を通して、彼女たちはおそらく月に数千フランもの大金をもたらしてくれる人間を自分にしっかりと繋ぎ止めておこうとしているのである。奴隷や駄獣にするのと同じことではないだろうか。娼婦たちが施療院に入らなくてはならなくなった時、入っている間に、別の女将がこれを独占してしまわないようにと、種々の物質的援助を差し伸べるのも、これと同じ理由である。女将の娼婦たちに対するさも優しそうな言葉遣いや親切心溢れる態度、物腰もそれで説明がつくだろう。女将は娼婦たちに向かって絶えずお世辞を言い、ご機嫌をとろうと必死である。それは、多くの人たちにとっては聞くに耐えられぬような猫なで声である。このような行為が不幸な娼婦たちから怒りの感情を奪い取り、置かれている苛酷な状態をじっと耐え忍ばせているとしても、彼女らの誰もが言葉で表現できぬくらい激しく憎悪している女将について間違った像を抱かせることはない。彼女らは全員女将を泥棒とみなしており、地球上でこれ以上の敵はないということをしっかり心得ている。この点について、娼婦たちはけっして思い違いをすることはない。次に新たな証拠を挙げてみよう。

娼家で娼婦とひとときを過した人間の習わしは、彼女に感謝と寛大さの証《あかし》を残してやることである。(7)これこそ不幸な娼婦の手にできるたった一つの収入である。しかし、それはまた、娼婦が何かを所有した瞬間から、自身の娼婦に対する権威が揺らぎ始めることを経験的によくわかっている女将の何よりも恐れることである。だからこそ、女将は常に娼婦たちを自身の支配下に置くために、必死になって彼女らに借財を背負わせようとするのである。[8] 甘い菓子を買ったり、ダンスホールや芝居見物に行ったり、さらにはカーニバルや気候の良い季節に馬車を手に入れたりするための前貸しを喜んでしてやるのも、こうした意図からである。後で資金を回収する手段などいくらでもあるのだ。少しでも良心を持っている売春婦にとって、この借金はつらく厳しいものである。残忍極まるこうした手口こそ、女将に対する憎悪心を最も激しくかき立てるものである。だからこそ、彼女たちは贈物にもらった品々は全部、細心の注意を払って隠しておこうとする。しかし、眼前の利益しか頭になく、その犯罪的投機に使われる不幸な女たちの運命なぞ少しも気に止めぬ女将の巧妙で腹黒い策略に、一体どうしたら抵抗できるというのだろうか。

女将に対して抱いている憎悪心や、彼女らに投げかける深い侮蔑感を知るのは、監獄や施療院で話されていることにじっと耳を傾けたり、古手の売春婦に本音を話させたりした時である。それはまた、商売から足を洗いたいと思った娼婦が、登録簿からの削除を認めてもらうにあたって、警視総監に出さなくてはならない請願書の中においても、しばしば気づくことができる。とりわけ自身の利益になると考えて申し立てる理由の中でも、売春婦を抱えたことは一度もないこと、娼家の卑しい女将になど一度だってなったことはないという理由をことさらに強調するからである。［……］

六　公認の娼家の経営が示している破産と成功の確率、女将はその職から足を洗った後どうなるか

［……］この商売も他のすべての商売と同じことが言える。この商売に従事している女性では、富を築くものなどほんの少数で、その大多数は細々と暮らしているというのが実状であり、なかには破産し

てすっからかんになってしまうのもいる[9]。

一般的に、几帳面な女将ならすべて、住んでいる地区やその施設の等級が何であれ、大きな利益をあげているといっていい。自分で市場に出向き、自分の下着は自分で手入れをし[10]、その他内部の細ごまとした問題に立ち入り、寝室の床や階段は夫が磨いてくれたりする女将は、常に成功のチャンスが保証されているだろう。ところが反対に、万事召使いに任せきりで、愛人と同棲し、これを娼家の中に呼び寄せ、そこで一日中飲み食いのし放題をさせているような女将は、必ず破産の憂目に会うだろう。

女将の稼ぎは限りなく異なる。人によっては日に五〇〇～六〇〇フランになるのもいるほどである。一般の娼家では、売春婦はそれぞれ女将に一日一〇～一五フランの上がりをもたらさなければならない。放蕩によってもたらされるこれらの稼ぎについては、以下の点に特に留意しなければならない。つまり、どんな場合であろうと、これらの稼ぎは、商活動や社会が隆盛に向かっているか、それとも衰退期にあるかによって決定されることである。工業の停滞や物価高、漠としているが、一国の全体的状況を左右しかねぬ大事件の発生が予測されたりするだけで客足は遠のいてしまうが、逆にこれと正反対の状況なら客で満ち溢れるという次第である[11]。一八三〇年の革命直後は、娼家稼業は大盛況だった。しかし、それから数カ月後には、状況は一転してもはや同じではなく、かろうじて商売を続けていくだけが精一杯で、〔営業〕許可証を手放そうとする女将も何人か目に入る状態だった。コレラ流行時[12]になると、事態はさらにひどくなり、その当時、恐怖心がパリの全市民を極端な禁欲へと追いやっていた。だが、この恐怖心も、ほんの短い期間しか続かなかった。

古参の女将たちは、その商売の歴史の中でも、記憶すべき二つの時代を忘れることはない。その二つ、一八一四年と一八一五年の外国軍の侵入と、一八一七年の飢饉について触れてみたい。

パリにとって、二度にわたる外国軍の侵入は、破滅より繁栄をもたらす因だったのは周知の事柄である。何千もの人間が、わが国の田舎から略奪してきたものばかりでなく、さらには、彼らの先祖代々受け継いできた財産をもパリに散財しに来たことで、その商売やあらゆる商店に、予期しない信じ難いほどの繁栄をもたらしてくれた。

娼家の女将にとって、その結果どうなっただろうか。単に外国人だけでなく、これら外国人のおかげで懐豊かになったわれら同国人までもが、自家に殺到してくる有様を目にしたのだった。その当時、彼女たちの財布の中には、金銀が雨霰のごとく降りそそぎ、すべてが大成功をおさめ、何人かはしこたま稼いで、すぐさまその商売から足を洗ったほどだった。それから二、三年後に襲来した天候の不順は、飢饉とパンや生活に必須な食料品の数々の途方もない高騰とをもたらした。そのため、娼家への客足はぷっつり途絶え、女将の多くは営業許可証を手放してしまった。このような厳しい試練に耐えることのできたものもいたが、それは蓄えていた貯金や、享受できた信用貸があればこそであった。

［……］幸運にも一財産こしらえ、その商売から手を引くことのできたこれらの女将たちは、どんな仕事をしたり、どんな暮らしをしているのだろうか。

そのうちの幾たりかは、パリ郊外の田舎の瀟洒な別荘に引き籠り、そして名残りの習慣からか、これを友人の名の下に秘かに食事代を支払ってくれたり、あらゆる出費を気前よく払ってくれる富裕な愛人との逢引の場にしたりしている。このような女俄成金の一人が住んでいる美しい村の名を挙げてもいいだろう。この女性は外見は育ちのよい人間しか家に招かず、家族や彼女に会いにやって来たすべての人たちと小教区のミサに規則正しく参加し、祝別されたパンへのお返しは進んで積極的にし、貧者には気前よく施しをし、貧者のために行なうべき募金も快く引き受けている[13]。つい最近彼女は、叙勲を受け、上品で礼儀正しい男性と再婚し、どこから見ても純潔な処女のような外見をし、純白の服に身をつつんで祭壇に姿を見せたのだった。

他の女将たちはと言うと、それよりずっと遠くに居を定め、貯金で手に入れたささやかな田舎の所有地の運用に着手している。

これらの女将の大多数——働かずにはいられぬのだが——は、それまで得ていたのより一段と高い、そして彼女たちを社会に復帰させてくれた地位に満足している。こうして、居酒屋やカフェやレストランなどを開いたりするのである。また、流行品店とか、小間物店とか、婦人下着店とか——これらは皆、夫の社会的地位や、彼女たちがそれまで身につけていた狡猾さや才知に応じてであるが——、を始めるのもいる。

結局、その多くは故郷に引き揚げ、跡形なく消え去っていく。[……]

第七章

パリの売春婦に施されている公衆衛生上の処置

一　売春婦の健康管理の必要性に関する一般的考察

伝染という経路をたどり(1)、人間を苦しめ、社会に甚大な損害をもたらすあらゆる病気の中でも、梅毒ほど深刻で危険で恐るべき病気はない。否認されることを恐れずいえば、この点から見ると、そのもたらす災厄は、時として社会に激しい恐怖をふりまくあらゆる疫病《ペスト》がもたらす災禍にも勝るものだと断言できよう。

疫病、一般的に言えば、あらゆる伝染病《エピデミー》は、われわれがこれに慣れていないためと、それが一度に多数の犠牲者を生み、これに対抗しようとする手段や、これを打倒するために使われる処方薬などものともしないためとの二つの理由から、われわれを恐怖に陥れてきたのだった。しかし、これらの疫病はすべて一時的なものである。それが国民の中に残す空隙は、感じ取れるか取れないかぐらいのものである。たいていの場合、その出現時期には長い時間的隔たりがあり、またそれが国民に放つ攻撃の矢は、しばしば特に老人や不具者、さらに、あらゆる状況からみて、もうこれ以上生命を長らえられぬ、社会に役立たぬ虚弱者(2)に向けられるのである。

梅毒はわれわれの中に、そしてわれわれ隣人の中に、さらには全人類の中に存在している。実際、梅毒は他の多くの病気と同じように、人を即座に死に至らしめることはないかもしれぬが、だからといって、その犠牲者の数が測り知れぬくらい多いという事実には変りはない。その災禍はけっして途絶えることがない。それはとりわけ、年齢からみて、国富と並んで軍事力を作り上げているあの国民階級に襲いかかっている。梅毒はこうした人びとの生涯でも、自然の定めで、丈夫な子供を作ることのできるちょうどその頃に、彼らから持てる力を奪ってしまう(3)。そして、これらの人びとを子を産めぬ体にしてしまわないにしても、この梅毒患者から生まれた不幸な人間は、市民としての責務も軍役も果せない、結局のところ、社会の重荷と言ってもいい、無価値な人間になってしまうのである(4)。要するに、現代の社会においては、どんなに純真で貞潔な人間でも(5)、その攻撃から逃れることができないのである。毎年、乳母や貞節な妻や乳飲み子の中で、この病気に手ひどく冒されなかったものが一体どれだけいるというのか！

恐るべき伝染病のもたらす災禍と、梅毒が永久に与え続ける災禍とをこうして比較対照してみれば、つい最近まで、為政者がこの種の害悪に目をつぶってきたのが正当なことかどうか、公衆衛生のため彼らの果してきたあらゆる仕事の中で、英知と科学とが常にその決断を支配してきたかどうかなど、ほんの一言、二言で明らかになるだろう。

莫大な費用を投じて、隔離所《ラザレ》が建設され、わが国のあらゆる港湾に医療機関が設置されてきた。また、国内への未知の病気の侵入を防止するため、人や商品に厳しい検疫が施されている。これらの方策を強いてきた動機くらい称賛に値するものはない。それは諸国民の賛同を得ており、近年これに加えられてきた厳しい攻撃にもかかわらず[6]、なお民衆や上流階級の中だけでなく、知識人の中にさえも多くの擁護者を持っている[7]。

もう一世紀以上も前から、毎年何百万もの金が疫病や黄熱病のために投入されてきたが――だが、疫病はそれが常時猛威をふるっているコンスタンチノープルの人口減少をもたらしはしなかった！し、黄熱病もアメリカ大陸の諸都市の驚異的発展を妨げはしなかった！――、この三世紀来、われわれの中に巣くっている、疫病の中でも最も深刻にして恐るべき疫病の進行を打ち破ったり、食い止めたりするのにそれは何の役にも立ってはいないのだ！　これこそ理解できぬ点であり、またわれわれの子孫もきっと驚くに相違ない――彼らにはこのような錯乱的仕業がどうしても納得いかぬだろう――であろう。

この点から、今こそわれわれの父祖の犯した過ちを正し、その手落ちを改め、諸状況がわれわれに授けてくれた知識を利用する時が到来したのである。新たな進歩、改善の道に入っていこう。経験の灯りに照らされ、その道を進んでいこう。そして、すでに成し遂げられた善事を確認しつつ、われわれの果さなくてはならない善事とは何かをしっかりと理解しておこう。

今日梅毒のもたらしている災禍を軽減し、次いで、できうるなら、後世においてこれを絶滅させてしまうための根本的にして必須の条件とは、世に梅毒を最も広めやすい立場にある人間の健康状態をしっかりと監視することである。その人間とは、言うまでもなく、売春婦に他ならない[8]。［……］

二　検診方法に関する詳細

無料診療所の医師の手に委ねられている検診は、以下の異なる三つの場所で行なわれている。

(1)　無料診療所自体
(2)　娼家
(3)　警視庁留置場

これらの場所のそれぞれで行なわれている検査の手順を調べてみよう。

無料診療所では、医師は月に二度必ず足を運ばなくてはならないフリーの娼婦、初めて登録を受けた娼婦のすべて、フリーの娼婦から、女将お抱えの娼婦の身分に変ったり、ある娼家にいたが、そこを出て別の娼家に移っていった娼婦、これらすべての娼婦の検診を行なわなくてはならない。その職に疲れ果て登録簿から名前の削除を認められた娼婦、しばらくの間パリを離れていようと思いそのためのパスポートを要求している娼婦、長期間姿をくらましていたのち、視察官に再逮捕された娼婦、施療院や監獄に一定期間入っていたのち、ただ周囲の事情のためだけで中断していて元の職に再び就いた娼婦らについても、同様の検診は厳しく課せられている。

〔……〕監獄や施療院での検診は、病院での大手術、とりわけ胴体部の手術に際して用いられる手術台にほぼ似た、高さ一メートルの手術台かベッドのようなもので行なわれる。ただ、その前部に両足を支える小さな板と、上にのぼれるように、側面に踏台が付け加えられているだけである。この点について私が意見を求めたすべての医師の見解は、特に診断の完璧を期すため、検鏡使用の必要性に迫られた時、この手術台の持つ利点は明白だということだった。さらにこの台はアヌス、とりわけ鼠径部の状態──その感度はしばしば熟練家に、子宮頸部の炎症や深部の局所的膣炎の存在を教示するが──の入念な検査も可能にしてくれる。

この器具の備える諸利点にもかかわらず、実に奇妙な理由から、無料診療所ではこれを使用することができなかった。というのも、多くの娼婦は帽子を被っているので、仰向けに寝て帽子を皺くちゃにしてしまうのではないかという不安から、この伊達女《エレガント》たちに、窮屈で観察の完全さを妨げるような姿勢をとらざるをえなくしたからだった。この不都合が無視されたりしたら、彼女たちは必ず無料診療所に嫌悪感を抱くようになり、拒否したり、命令に従わぬ女の数が増大するのだった。したがって、後ろに大きく反り返ってはいるが、首と頭の動きを妨げるほどには高くない、高い肘掛け椅子でよしとしなければならなかった。この肘掛け椅子に上るには、踏段の非常に低い足台を使う。踏段の高さがこのように低いのは、理由のないことではなかった。というのも、病気持ちの娼婦、なかでも特に歩行もようやくという有様で、足を持ち上げて地面からほんのちょっとの高さにもっていかなくてはならない時でさえ、そのたびに激しい痛みをもたらす鼠径部のリンパ節腫にかかっている娼婦もいるからである。無料診療所の医師は、このようにして、一時間に二五名の女性を診察し、必要な処置すべてを記入しつつ、その診療カード、、、[9]が作成可能であるとみなされていた。このデータをもとにして、一定時間に可能な仕事量に合わせて医師の数を限定しようとすれば、管理上大きな過ちを犯すことになるだろう。彼らが検査する人間は検診の日時を自由に選択できるから、そのため、診察室に誰もいない時もあれば、時には満員だったりという事態が生じるからである。ところで、この検診は、それが強いる義務感やその他の事情から、どの娼婦にとっても大きな嫌悪の的であり、なかにはある種の恐怖感を抱きながらでしか無料診療所に近づけない娼婦さえいるので、経験上、彼女らを待たせないこと、可能な限り速やかに診察を終えることの持つ利点は明白である。このような特殊事情を考慮すれば、常時二人、時には三人の医師――

ほぼ毎日新しく入れ替ったり、またある時に限って、例えば、ほぼ二週間毎、その終り頃規則的に交代するというように——の常駐がぜひ必要である。

今述べた診療カードという言葉は、当然のことながら、当局の目から見て、それぞれ個々の売春婦の健康状態を確認し証明するために使われている諸手続きの検討へと私を導いていくことになる[10]。娼婦はそれぞれ、年度始めか、それとも登録時に、一枚のカードを受け取る。このカードには、娼婦の名前の記入欄と、異なる二つの枠——一つは打ち出し印を押すためと、他は二週間毎に行なわれる検診の日時を記入するため——がある。

このカードはこれまで数度その形式を変えてきた。一七九八年時には、公認の娼婦が最初に登録する時のそれは、娼婦の名前とこれを記入した人のサインの載っている、旧式のトランプカードの四分の一くらいのものにすぎなかった。

いわゆる診療カードとは、上のカードに記入された事項をそのまま載せ、加えていくつかの所見も記入可能な四ッ折判の個人調書を指す。この診療カードはアルファベット順に仕分けられている。それらは無料診療所に保管され、二年間利用することができる。

売春婦の登録を論じた際、検診を受けた後、その売春婦が健康であるか、病気持ちであるかだけが記入されている簡単な調書については、すでに触れた。

娼家で、古くは毎月、次いで二週間毎に実施されていた検診は、現在では、週に一回の割合で規則的に行なわれている。無料診療所の医師は、そのための受持ち区域を持っており、また不在を避けるために、医師の訪問時間が前もって知らされている。女将の名前と住所、受け入れを許可された女性の数、病気と思われる娼婦の名前、その病名、はっきりと病気に冒された娼婦の名前が各欄に記入され、加えてさらに所見欄も含んでいる一枚の特別な調書に、検診の結果が記録される。この調書は院長に渡され、接客業務の正確さと同時に、娼家の衛生状態を証明するのに利用されることになる。この検診はまた、女将の登録簿中の一つの欄に記された署名からも確認し証明される。この検診で娼婦に伝染病の存在が確認されると、女将にそれが報告され、これを客の手に委ねた場合、厳罰が下される。病気の娼婦について言えば、当日か翌日、無料診療所に出頭することになる。改めてそこで検診を受け、病気がはっきり証明されると、視察官は直ちに彼女を拘置所《デポ》へと連行し、当局の配慮により、施療院へと移される。時には、これらの病者が監禁を恐れるあまり(11)、無料診療所にやってこないこともある。だがその場合は、視察官がこれを連れに行き、治癒した時点で、罰が下される。

　無料診療所の医師は同時にまた、拘置所の娼婦を往診する任務も負わされている。この拘置所がどんなものかを知るため、後に論じる《監獄》の章に先立ち、これについて少し触れておこう。

　窃盗、暴力行為、さまざまな軽犯罪で、パリで一日に逮捕される人間の数は二〇～三〇人にのぼり、その中にはいつも相当数の娼婦が認められる。この逮捕はとりわけ深夜行なわれるので、予審で監視を要する人物かどうかが決定されるまで、被疑者を留置しておくための特別な場所が必要になる。

　この特別な監獄——普通そこにはほんの短時間しか留め置かれないが——が、拘置所と称されているところである。そこは完全に仕切られた男・女の区分の外に、娼婦用の特別室があり、彼女らの実際の姿が明らかになり次第、その部屋に収容されることになる。逮捕された娼婦のうち、有罪の宣告を受けたものは、多かれ少なかれ長期の禁錮刑を言い渡され、無罪と認められた他のものは、晴れて自由の身

となる。〔……〕

第八章

売春婦が犯す犯罪の抑止に当てられる監獄

一　これらの監獄に関する一般的見解

わが国では現在、監獄こそ売春婦に義務の命ずる道を歩ませ、罪を科せられるような自堕落な生活を送るのを抑止するために使われている唯一の手段であるから、総体的な売春の歴史を語るに際しては、その考察は最も重要な問題の一つになる。

パリで、当局のなんらかの係官の手で逮捕されたものはすべて、パリ警視庁に連行される。そこには常時、逮捕調書やその他の証拠書類に基づいて、拘置所と呼ばれる特別な場所に彼らを送り込む職員がいる。この拘置所――その名称からはっきり使用目的がわかるが――は、彼らにとって一時的な通過点にすぎない。普通の被疑者は、遅くても二四時間以内、たいていの場合逮捕当日に、司法官の尋問を受け、そしてこの司法官が彼らを主席検事の手に委ねるか、あるいは釈放するのかを決定する。売春婦について言うと、彼女らは特に風紀取締局に配属された警視《コミセール》の取調べを受けることになる。警視は作成した報告書を警視総監の手に委ね、この総監が釈放かそれとも一定期間特別な監獄に送り込むか――その期間は外的情勢や個々の必要性に応じて決められる――を決定する。こうして、パリでは、売春婦の治安、取締りのためには二種類の監獄が必要になる。拘置所と称される臨時の一時的なものと、犯罪のために下されたしかるべき刑罰に服し、その場所は時代や外的状況とともにさまざまに変化してきた永続的なものとの二種類である。以下、この二種の監獄について順次考察していこう。[1]

二　パリ警視庁の拘置所

［……］非常に広くてきちんとつくられているこの部屋は、向かい合いの窓を通して換気も十分に行き渡っている。そこには折り畳み式ベッドと藁布団が備えつけられている。この折り畳み式ベッドは昼間は壁に引き上げられているので、部屋のまわり全体にわたって取り付けられている長椅子はむきだしになり、また冬期には、蒸気暖房装置で適度な暖房が施されている。したがって、留置人は望みうる限りの最も快適な状態にあると言える。大多数はそこに数時間しか入っていないから、支給される食物といえば、パンと一人分のブイヨンだけであるが、欲しいと思えば何でも外から取り寄せられる。水も欲しいだけ手に入り、そしてそれも大量に消費している。

［……］拘置所に連行された娼婦は、せいぜい二日間、たいていの場合二四時間しかそこに入っていない。民事代官の代りを務める警視総監の命令で、あるものは釈放され、また別のものは多かれ少なかれ長期の監獄送りにされたりすることは、すでに上で述べた通りである。[2]

これらの娼婦をある監獄から別の監獄へ、一般的に言うなら、ある場所から別の場所へ移送する方法は、パリのような大都市でしかるべき秩序を保っていく上では、軽視すべき事柄ではない。したがって、以下これについて少し触れてみたい。

昔は醜聞を避けるべく、判決の前夜にサン・マルタンの大部屋(3)に娼婦を受け取りに行き、そして彼女らは司法官の執務室の隣室に集めておかれた。判決後、夜を待って、有罪の宣告を受けた女性を同じ護送車に乗せて、サルペトリエール〔サルペトリエールとは硝石工場のこと。ルイ十三世がパリのその跡地に創立し、ルイ十四世がこれを、救貧院・孤児院・養老院・職業訓練所・補導所・療養所をかねる総合病院＝一大福祉厚生施設にした。売春婦を含む貧困者を「隔離」目的で収容した。高橋安光『旅・戦争・サロン』参照〕に運んでいった。この移送には、売春婦の取締りと、罪人を死刑台に連行することだけをその職務としているきわめて少人数の、エトワール歩哨隊が監視の任に就いていた。

ところが、昼日中、パリの街路や河岸を通り、多数の娼婦を移送すること、それが必ずもたらすに違いない醜聞を回避しようという配慮は、その数々の規則についてはわれわれも幾度となく賛辞の言葉を呈してきたかの行政官からは全く無視されてしまっていた。娼婦を拘置所から監獄に移すについても、その身柄は彼女らの手を引いて連れて行く兵士に任されてしまった。人目を惹き、街の腕白坊主連中もぞろぞろと後をついていくこの行進の最中、娼婦は眉をひそめさせるような図々しい態度で兵士と馬鹿笑いしたり、彼らに対しあらん限りの馴れ馴れしい態度をとったりしていた。そのため、ヒモや兵士自身の助けを借りての逃亡もしょっちゅうで、こうしてぞっとするような醜悪な光景が国民の目にさらされていたのだった。この状態は一八一六年――これ以上何も望めぬ、真の模範になりうる現在の移送方式に変えられた時期――まで続いた。

現在、売春婦に必要な移送が行なわれているのはすべて、懸架装置つきの扉でぴったり閉じられた馬車である。この馬車は、二四時間どんな時間帯でも、パリの街路を走り廻っている。これを知るものは誰もいないし、そこに誰が乗っているかも知られてはいない。それは娼婦を拘置所から監獄へ、拘置所から施療院へ、また反対に、監獄、施療院から拘置所へと運んでいる。というのも、治療を終えたり勾留期限を終了した娼婦は、再びパリ警視庁まで連れてこられて、改めて健康状態を確認し、彼女らがこれからどうするつもりか、どこに居を置こうとするかなどを知ろうと努めることを言い添えておかなければならないからである。したがって、彼女らは拘置所で降ろされるが、そこは一時的に立ち寄る場所にすぎず、それには何の手続きも必要とはしない……。

三　特に売春婦の矯正に当てられる監獄について

売春婦の拘置所から監獄への移送については今見た通りであるが、次に管理の面で非常に重要であり、また売春婦の風俗、習慣の面でも、われわれが十分な注意を払ってしかるべきこの新たな住居での彼女らの姿を追ってみることにしたい。

［……］その有する数々の不都合に正当な非難が浴びせられてきたにもかかわらず、一八二九年まで、プティット・フォルス監獄(4)は所期の目的通り使われていた。この時期には、売春婦はフォンテーヌ通りのマドロネット刑務所、後にはサン・ラザール刑務所——構造の面から見ても、置かれた場所の面から見ても、わが国で最も優れた懲治監の二つ(5)——に送られることになった。そこから生じる利点については後で触れるつもりである。

現在、売春婦用の監獄に収容されている人間の数は、四五〇〜五五〇の間を上下している。事情によっては六〇〇になることもある(6)。

この監獄の一階は作業場にあてられている。その上階は共同寝室である。

作業場は広く、留置人の従事する作業の種類に応じていくつかの区域《セクション》に分けられている。冬期にはまたストーヴで適度な暖房が施されている。それぞれに簡易便所、給水場、洗い場がついている。中庭は十分な広さがあり、遊歩場に使われている。留置人は日に三度そこに出ることが許されており、またその中央には広い共同洗濯場が設けられているので、休憩時間を利用して衣類を石鹸で洗うこともできる。他のものより金があったり、怠惰だったりすると、こうした仕事を厭い、下着類などは房内の洗濯係の仲間に任せてしまう留置人もいる。女子監獄ではどこでも、この共同洗濯場こそ不可欠のものであり、その利点を確認する機会など毎日といっていいくらいである。

食事は監獄用パン一・五リーヴルと常に上質のスープ——時として、脂濃かったり、肉が入っていなかったりするが——とからなる。週七日のうち二度、四オンスの割合で[7]骨なし焼肉を、他の日は澱粉質の多い野菜をもらう。そのほか、食堂の売店には、作業の報酬や房外から得た差し入れ金《スクール》で手に入るたくさんの甘い菓子が置かれている。これらの差し入れ金はそれまで入っていた、またこれから入る予定の娼家の女将[8]や彼女たちの愛人から送られたものである。留置されている売春婦の半数は、合計して平均週三フラン——なかには五フラン、七フラン、一〇フランになるのもいる——のこうした差し入れ金を受け取っている。中には一日六フランも受け取っている売春婦を目にしたこともあった。だが、それはめったにあることではないし、また何よりもそんなに長く続くものではけっしてない。出所時に与えられる積立金は別にして、これらの女性の稼ぎは四スー〔フランス革命以後新フラン以前の貨幣単位で、一スーが五サンチーム、二〇スーが一フラン〕なので、その結果、その半数は六スーから八スーを自由に使えることになり——留置人にとってはかなりの金額——、これが彼女たちの置かれた状態を、快適とは言えないまでも、おそらく我慢できるものにしているのである。彼女たちが必要なものを手に入れているという証拠には、しばしば無益なもの、とりわけ季節によっては溢れんばかりの花々を手に入れていることでも明らかである。花や花束への好みは売春婦の特徴の一つである。彼女たちは監獄ばかりでなく、施療院においてもこれをふんだんに購入し、そして実に気前よく、互いに分け合っている。[9] かつてはこうした無益なものはどのようなものも、監獄内への持ち込みは許可されていなかった。規律の厳しい適用が緩んだのは、まだほんの七月革命後のことである。売春婦は、判決が下りぬ限り、他の囚人と同じように扱われてはならないというあの原則に立脚するようになったからである。この論証は正当であり、法律家や博愛家がこうした見解を持ったことに私は驚きはしないが[10]、経験から知識を得た人間はこのようには考えないものである。監獄とは売春の無秩序と混乱を阻む唯一の手段であり、売春婦を統御できるのは、この監獄が吹き込む恐怖心によってだけであるから、このような過度の寛大さによって、留置という行為がもたらす果実のすべて、すなわち留置人の向上――これは売春婦では、獄内治安規律への黙従と合致する――がはかれるものかどうか、私には疑問である。[11] しかし、ここで採り上げるのは、次節末でもっと自然に述べられるテーマを先廻りして述べることになるだろう。

現在では、朝はパン、昼はその他の食物が支給されている。[12] 監獄内には共同食堂や決められた食事時間など全くない。売春婦は各自食事仲間《マンジユール》と呼ぶ別の売春婦とペアを組み、彼女と皿の料理を分け合って食べる。食事をとるのは作業場内である。そこでは温め直したり、食べたいものを調理する手段はすべて認められている。棚板はいろいろな料理で一杯である。かくして、自らの責任で資財を手に入れることのできた最も罪深いものが、単に飢えを満たすためだけで規律を破った不幸なものより罰せられる度合の少ないということになるのである。娼婦にこうした規律違反を勧めるのは、たいてい女将である。

ところで、女将が娼婦に破らせる規律違反に、彼女たちに支給してやることのできるどのような手当てよりもはるかに上廻る利得を認めている時、女将が彼女たちに十分な金を与えてやろうと約束することをどうしたら防げるというのだろうか。

以上のことから判断すれば、売春婦の健康が監獄に入ってからずっと良くなり、ありふれた病気にかかっているのはほんの少数で、ほとんどのものが、入所時と比較して、丸々と太って出所していくという事実を知っても、誰も驚いたりはしないだろう。これはすでにわれわれが施療院でも観察したし、同時にまた監獄の医務室でも示してくれている特異な事実である。したがって、この結果は疑う余地がなく、売春婦を全体として見た場合、一つの法則とみなしてもいいだろう。

娼婦がフォルス監獄に収容されなくなってからというもの、その死亡率ははなはだしく低下したと言われている。今日ではその死亡率はもう八〜一〇%にすぎない。以前は二〇〜二五%であった。だが、こうした比較計算は、古い時代に関しては、全く正確なものではないと考えて当然である。

今日、監獄の作業場において売春婦の従事している作業については、すでに触れたところである。これらの作業は留置場の内部管理体制の最重要点の一つであるから、次節では、留置されている売春婦に与えるその結果がどのようなものだったかを調べていくことにしよう。

四　留置中の売春婦に科せられる作業

売春婦の得る利益という面から見た場合、針仕事と下着製造が他のどんな作業にも勝っている。これは簡単に理解できる。というのは、彼女たちの大多数にとっては、それがかつて慣れ親しんでいた仕事だからである[13]。受刑者のほぼ半数はこの種の作業に使われている。
種々様々な作業に応じてそれぞれ作業場があり、とりわけ時代、流行、周囲の状況により、それはいろいろ変化してきた。こうして、製造された数多くの製品の中でも、特に次の製品が私の目に止った。

種々の籠、買物籠、麦藁帽子
あらゆる種類の厚紙製品
鯨のヒゲやその他の材料でつくられた花飾り、カバン、財布
馬の尾の毛、鯨のヒゲ、猪の剛毛などでつくられた襟
鯨のヒゲやその他いろいろな織物でできたジゴと称される袖
軍帽の羽根の前立《まえだて》
絹、羊毛、木綿などでできている、手の込んでいない刺繍
フェルト、ビロード、その他の布地からつくられたギリシア風の縁なし帽
刺繍の施された財布やあらゆる種類のカーテンの留め紐の房
編紐製のスリッパ
皮、毛糸、その他あらゆる材料からつくられた手袋
ショールやカーテンの縁を飾る房べり《フリンジ》や房べり飾り
帽子の裏につける皮
組紐や真っ黒なジェット炭〔堅くて光沢のある真っ黒な褐炭の変種〕でできたネックレスやブレスレット
ドアの安全鎖や装飾鎖、打ち延ばしたり曲げたりしてつくった服のホック

こうした作業以外に、時には、作業場全体が次のような仕事についているのを目にしたこともあった。

プリントの色直し

絹、羊毛地のけば取り[14]

チュール〔微細な多角形の網目の薄い布地〕の漂白と仕上げ加工

銅メッキした金物、マホガニー、黒檀、レモン材、角やべっこう製の櫛などの艶出し

薬剤師、菓子屋、香水製造業者、その他さまざまな商人のための商品のラベル裁断

手先の器用さと才能を必要とするこれらの作業は、概して留置人に好まれ、また満足のいく稼ぎをもたらしてくれ、さらに、売春をやめて社会に復帰し、他の女子工員らと混じって働くようになった時、どこかで必ず役に立ってくれるものである。

手腕も器用さもない娼婦については、木綿、絹の屑〔紡ぐ際に出る〕、カシミヤ等々を丹念に調べる仕事が与えられる。さらにまた、薬屋が碾《ひ》き割りにした草木の根、あらゆる種類の植物や柑橘類の種子、また現在大量に消費されているアラビア・ゴム――彼女たちはこれをもっと小さく砕いている――などの汚れを落してきれいにしている。

なかには、これほど簡単な作業さえできない売春婦もいる。このような女性には枠〔なめしたあとの革を乾燥させるための板や金属板〕を押し出す仕事――小さな針金の先をつかんで、これを皮にあけられた穴に通し、そしてこれを取り出すというだけの仕事――を行なわせている。同じく、針山に針を刺すのも、才知や頭脳の働きを要しない仕事である。なのに、ああ！　これほど単純な仕事さえできない人間がいるなんて、一体これが信じられるだろうか。この種の人間――その数一五～二〇人を数えることもあった[15]――は、したがって、言

うところの痴愚者の類に入れて、好きなようにさせておけばいいのだ。だが、この階層の人間の中には、ほぼ完全な盲目状態にあるという理由だけで作業のできなかった女性がいるのを目にしたことも何度かあることを言い添えておかなくてはならない。付け加えるなら、このような身体の障害こそが、彼女たちを売春へと追いやった唯一の理由である。彼女らは仕事をするのが不可能な状態に置かれているのだから、非難を浴びせられるとしたら、餓死する勇気がなかったというくらいのものである。

作業場での稼ぎの差は激しいから、入所する売春婦にとって、どの作業場に入るかは些細な問題ではない。したがって、その振り分けは、作業係官と女性一等監視員によって行なわれることになる。だが、この手続きはそれまで一度も監獄に入ったことのない売春婦にのみ必要である。その他のものはあらかじめ区分けされており、それまですでに働いたことがあり、また一番適性があると認められている作業場に自ら進んで入っていく(16)。

［……］私は人間を支配できるなどとうぬぼれてはいないし、正直言って、この面には全く無知である。だが、国民の趣味や習慣、その性向や嫌悪感を知らずして、この面での善事は何一つ成しえないこと、他人を指導、管理するに先立ち、彼女らをよく知り、そして何よりもまず経験に諮ってみなくてはならないことは、単に良識を備えていればわかることではないだろうか。売春婦の大半は本当に幼児のような存在であり、知能の面から見て、これを普通の犯罪者と同じようにとらえてはならないこと、すべての女性の中でも、精神の浅薄さ、判断の誤り、とりわけ先見性の欠如、将来の生活への全くの無頓着ぶり、つかの間の快楽への欲求、食道楽と身につける衣服に対する並外れた執着心――留置期間の延長、さらにはおそらく習慣になってしまっている諸々の私的苦痛などよりも、たわいない取るに足りぬ

品物の欠如の方にはるかに痛みを感じてしまうのもそこから生じる——などでひときわ目立つ存在であることは、日々の観察がわれわれにはっきりと教えてくれている。

こうしたデータに基づき、かつ問題なのは犯罪者ではなく、治安規律への単なる違反者だということをとくに想起するならば、私は何よりもこの施設《メゾン》においては、画一的な管理規則の設置を願うものである。すなわち、共同食堂を提案したいし、監獄内の売店、ましてや留置人仲間に大きな差別を生む、作業場内での特別な料理などは廃止すべきである。外部から送られる金銭は各自の手に渡ってもいいが、獄舎内での使用は禁じたい。この方法を使えば、愛人や女将たちのとがむべき投機は防げるだろう。手紙のやりとりも止めさせ、家族のことに関係しない手紙はすべて出所時にしか留置人の手に渡さぬようにする。このような自由の剥奪だけでも、彼女らの目には苛酷な懲罰に映るだろう。一日の一定時間帯に限り完全な沈黙を強制し、さらに歌という歌はすべて禁止したい[17]。質素な服を着用させ、髪のカールや特殊な調髪も一切禁止し、これをすべて同じ形にしたい。作業場から作業場へ、寝室から食堂（その逆も）への移動も、二人ずつ並足で歩調を合わせて行なうというように、いわば軍隊式規律に従わせたい。動き廻ったり、しょっちゅう行ったり来たりしなくてはならないという必要性は、断言してもいいが、彼女たちにこの規則への服従を非常に苦痛なものにするだろう。この規則への服従から逃れられるのは、休憩時間の時だけになるだろう。

留置を健康に有害なものとはしないこれらさまざまな懲罰方法及びこれと類似のその他の方法は、きっと売春婦の心を捕えて離さないだろう。それらは彼女たちに、監獄を、静養したり身体を休めにくる安息所ではなく、懲罰の場と思わせるであろう。彼女たちは、女将が規則に背かせようとして約束してくれる数々の物質的、金銭的援助などには、もはや心を奪われはしないだろうし、どんな行動をとる際も、それまで以上に慎重に、かつ用心には用心を重ねるようになるだろう。

この一連の方法をより効果的にするため、施療院や医務室には、甘い菓子とか一見どんなに無益なようにみえる物でもすべて自由な持ち込みを認めてやりたい。というのも、そこに収容された不幸な女性たちは、その職業の結果だとしても、意志の結果ではない病気には何の責任もないからだ。監獄とは居心地のよいところでないこと、施療院はできる限り快適にというところに高い重要性を置きたい。さらに、監獄ではあらゆる種類の自由の剝奪が待ち構えており、施療院では喜びをもたらしてくれるものはできるだけすべて見出せるようにしておきたい。要するに、監獄は入るのが怖くて、施療院はどうしても入れてほしいと思うようなところであってもらいたいのだ。〔……〕

五　抑止手段

数名の助手の助けを借りただけで、一人の人間が数百名もの犯罪者を服従させられるには、すべてのものを畏怖させる抑止手段――そのために、固有の徳性、とりわけ公平と正義に裏打ちされた精神による敬愛の念を減じることがあってはならない――が彼に備わっていなくてはならない。これらの手段は女子監獄、特に売春婦の監獄では、男性の占める監獄ほど必要性が高くはないとしても、それなしで済ませられるなどと考えてはならない。これについて、パリの売春婦にどんな方法がとられているかは、以下の通りである。

監獄内には、一つは隔離房《セパレ》、他は独房《カショ》〔懲罰用〕と呼ばれる二つの特別な場所がある。隔離房とは、親元に手紙で連絡し、その意志を確認するまでの間、一六歳以下の年若い娼婦を収容しておくのに使われる。それはまた、一六歳以上であっても、正道に戻る見込みのある娼婦を収容しておくこともある。独房とは、殴り合いの喧嘩や口汚い返答を返したり、房内を不潔にしたり、作業を拒否したり、房内の規律に大きく背いたりした場合に収容される。

時として、一つの作業場全体が処罰されることもある。その際には、一定期間に限って、手紙も金銭も受け取らぬという処罰がとられる。しかし、こうした全体的処罰を必要とする事態は稀で、これを適用する機会は、普通年間を通じ一度くらいのものである。

これら特別な処置はすべて刑務所長——そこでは全く独断的にふるまえるのだ——が科すのだが、それは事のなりゆき上必然的にというやり方をとるのは当然である[18]。ただし、所長は隔離房への禁錮は、その延長を許可したり拒否したりする警視総監への報告を行なわないまま、五日以上の延長はできない。

[……]

六　売春婦に科せられる罰

当局が売春婦に科す罰について[19]、その判例を手短に述べて、彼女たちに用いられている抑止手段に関する項を終えたい。すでに述べたように、この判例には一定不変なところなど一つもなく、状況に応じ、特にパリ警視総監直下の各県の県知事の個人的考えに応じて異なるが、一般的に、その相違はそのうちの数項にしか及ばず、残る全体について今日慣行とされているものは、長期にわたる試行錯誤や、二〇年以上も溯る経験の結果であると言っていい。

［……］売春婦が有罪とされる軽罪には次のようなものがある。
彼女らが立入りを禁止されている場所に入っていること
常識を外れた時間に姿を見せること[20]
泥酔し、そのまま戸口や道路や公共の広場で寝てしまうこと
泥酔して夜遅くなり、もはや自家に戻れなくなってしまったため、軍の屯所に行って一夜の宿を求めること
昼間立入り禁止の場所を、ことさら人目にふれるように、また出くわす男性をじっと見つめたりして、小股で歩き廻ること
自分の部屋や入っている居酒屋《シャンブル》の窓ガラスを叩くこと
往診があることがわかっている時間に、娼家を留守にすること
物乞いをすること
病気と認められ、そのため診察した医師の命令も受けたのに、無料診療所への出頭が二四時間以上遅れること
当局の係官の手で、またはその命令により、施療院や無料診療所に連れてこられたのに、そこを脱け出してしまうこと
帽子も被らず、喉もむき出しにしたまま外出すること
パスポートを入手したのに——特にそれが旅行の援助金つきなのに——パリを出ないこと
以上のケースはすべて、情状酌量がなければけっして二週間以下にはならず、たいていは一カ月、加

重情状では二カ月、稀には三カ月にも及ぶ禁錮刑の罰を受ける。

かつては税金の支払い遅延も、これと同じ範疇の罪に含まれていた。[21] こうした言い方が許されるのなら、あらゆる違反行為の中でも、それは最も頻度の高いものだった。というのも、その違反者は毎月数百人にも達していたからだった。幸いにして、この税が廃止になってからというもの、この違反行為を罰する必要性はもはや存在しない。

その場合、禁錮期間は常に三カ月だった。

以下の事態に関連することはすべて重罪とみなされる。

当局の医師に対し、その職務遂行中に、非常に侮辱的な言葉を投げつけること

保健衛生上の検診を受けに行くのを怠り、病気と知りながら、売春を続けること

公衆の面前で、卑猥な言葉を吐くこと

裸体のまま、窓辺に姿を見せること

男の意志にお構いなく、ただ誘いたい一心で、彼らをへとへとにしてしまうようなやり方で、執拗に挑発すること。

これらのケースでは、三カ月以下の禁錮重労働刑になることは絶対にない。時には四カ月、人によっては五～六カ月の刑になることもある。繰り返すが、その刑はすべて、違反者の前歴と、予測したり、指示したりすることの不可能な多くの付帯的状況に従って決められる。

興味深いと思えた事実をいくつか挙げて、売春婦に関する当局の判例の概観を終えることにしよう。それは当局の懸念がどこまで及んでいるかを明らかにしてくれるだろうし、一般的には社会に対し、個

別的にはそのそれぞれの構成員に対し、当局が善をなそうとするあまりに否応なく引きずり込まれてしまうこと細かな細則が、いかに微に入り細をうがつものかをわからせてくれるだろう。

娼婦は家具付きホテルに泊まれるが、そこで売春に従事することはできない。ときどきこれらの安ホテルを巡回する夜間巡視で、登録済み娼婦が男と寝ているところを見つかった場合、科される罰は、以下のような状況に応じて、さまざまである。

発見された安ホテルに居住している娼婦であれば、禁錮一カ月

別の場所に住んでいれば、禁錮二カ月

女将に所属するものであれば、三カ月から四カ月

その目的は、女将を優遇し[22]、もぐりの売春を防ぐことにあった。

ナイフを使い、威嚇的に反抗した場合、それだけで六カ月

娼婦が当局の係官に悪口を浴びせ、衆を集めて扇動し、視察官を殴りつける。留置場に連行された娼婦が、拳で別の視察官に傷を負わせる。ヒモの助けを借り、有利に取りはからってもらう。以上の場合六カ月

判決を耳にして卑猥な言葉を吐いたら、この新たな過失に対して二カ月が加算され、計八カ月となる。

通常当局は、売春婦の仲間うちの揉めごとや、そこから生じた殴り合いなどには口を挟まないものである。というのも、必ずねたみやそねみから生じるこうした喧嘩の仲裁をしようなどと思ったら、やらなくてはならない仕事は山のようになるだろうから。しかし、殴り合いで重傷を負うようなことがあっ

た場合には、当事者双方を呼んで言い分を聞き、そして、こうした事柄は売春に関する違法行為のカテゴリーには入らないが[23]、とがむべき張本人に対し、時には当事者双方に対し、一カ月から二カ月の禁錮刑が科せられる。これまで売春婦側からいささかも異議申し立ての的になったことのないこうした行為を非難できるであろうか。

年齢三四歳の一人の娼婦が、ルイ十五世広場[24]において、通常二、三カ月の禁錮刑ですむ違反行為で逮捕されたことがあった。その娼婦は以前にもう五八回もの逮捕歴があったので、ほんの八カ月の刑が下された際も、人びとはまだ彼女に対して甘い処置だと思ったのだった。

五四歳の別のもう一人の娼婦は、最初の登録以来五八回もの逮捕を重ね、窃盗で五度刑を受け、さらにまた淫行教唆の廉《かど》で逮捕された結果、マドロネット監獄に送られ、一年の刑に処せられた。警視総監が売春婦に科した刑の中でも、これほどの長期刑はこれがただ一つの例である。

登録を受け、自分で買いそろえた家具の中で住む売春婦が、もぐりの売春に手を貸した場合には、普通は、王室検事の前に引致される。だが、裁判に必要な多くの物的証拠が集められなかった時には、行政権によって彼女を罰するために、彼女に不利な一連の心的証拠と悪しき前歴が集められていれば十分である。この心的証拠とは、多くの外的状況から導き出されてくるものである。最もありふれた例を一つだけ挙げておこう。それは起訴された女の部屋かアパートで、男と寝ている売春婦がいたというケースである。その場合、留置期間は一定でないが、それほど長期になることはけっしてない。ケースによっては、三カ月以上に及ぶのもあった。

もぐりの売春宿の家宅捜査令状で、違法行為の物的証拠が発見された場合、裁判官は違法行為の当事者を罰するにあたり、そこで見つけられた売春婦は無罪とみなして放免する。だが、この無罪の宣告は、売春婦の置かれた状況に応じて、どんな場合でもこれを罰しようと身構えている行政当局の目には、いささかも潔白の証しとは映らない[25]。

パリ市門外にある、ありとあらゆる強盗や泥棒連中の集まる、伏魔殿とも称されているあの悪の巣窟でつかまった娼婦にはすべて、たいてい三カ月から六カ月の禁錮刑が科される。

愛する息子をたらし込んで愛人にし、こうして彼らをあらゆる放蕩生活へと引きずり入れてしまう売春婦に対し、嘆きの言葉を吐いている母親の何と多いことだろう！　またこの娼婦たちが、子供をその手から奪い返し、彼女たちに向かって非難攻撃を浴びせかけるあの不幸な母親を罵倒し、こき下ろしたりすることもしょっちゅうである。もしその事実が証明されたら、普通その娼婦は一カ月の禁錮刑に処せられる。また、その罵倒が公衆の面前や、大勢の人びとの前で行なわれたりすると、その刑は二カ月になる。また、腐敗、堕落した息子が娼婦と結託し、同じように母親を罵倒しても、この最下等の男ににらみのきくものなどいないから、何のおとがめもない。ところが、娼婦の側は、この人道に反する行為をとがめられ、三カ月の刑を受ける。

［……］良俗への直接的にして公然たる侵害は、いつも厳罰を加えられてきた。この点について、詳しく細部にまで立ち入るつもりはない。その理由については、各人推定してもらえるだろうと思う[26]。

ブランデーなどの強い酒を売る店で[27]、娼婦が煙草をすい、みだらな仕草をして、自分の体を触らせたりすること。この行為は、その場に居合わせたすべての人たちの憤怒と非難をかき立てることになる。この事実が証明されれば、この行為だけで六カ月の刑が下される。

ある娼婦は、家の戸口で、白昼、少しばかり卑猥な格好をして、一人の擲弾兵に抱擁されていた。逮捕された女は、四カ月の禁錮刑になった。すなわち、その行為自体で二カ月、検診に欠席したために一カ月、病気に感染していたという理由で一カ月の計四カ月。

別の娼婦は、下品なやり方で男性の体に触れながら、話しかけた。六カ月の禁錮がその処罰であった。

公共の広場や家の門の下、さらには偶然入ってしまったような辺鄙な寂しい場所で、売春行為に身を委ねていたため、同様の罰を科せられたものも幾たりかいた。

当局は、家庭内にトラブルをもたらすような売春婦に対しては、いかなる場合でも厳罰をもって対処すべきであると信じてきた。

しかし、この特殊なケースでは、娼婦が自分を囲っている男が既婚者であることを承知している時にのみ、当局はその権限を行使するものである。

［……］私が間違っているかどうか、人びとが私と意見を同じくするものかどうか、私にはわからない。だが、正直に言って、私は当局のこうした行為への私の賛同の気持ちは否定できない。これまで見てきたすべてのこと以上に賢明で、道徳的で、温情に満ちた処罰があるだろうか。当局は浴びせられる苦情にはすべてその意を酌んでかなえてやり、またその科す懲罰は真に称賛に値する平等な処罰が行き渡ってはいないだろうか。それゆえ、国民には、当局に対し恩知らずな態度をとるのを止めるようにと望むものであり、またこの詳細な事実を知れば、敵対者たちがこれに反道徳的などという名称を与えるのが正しいことかどうか、そして市民に対するそのあらゆる義務の詳細綿密な履行をさらに一層先に押し進めることができるものかどうか、判断してほしいものである。

結び

売春婦は必要か

治安、風俗を論じた書物をひもとき、市民及び社会のあらゆる階層で語られていることに耳を傾けてみれば、売春婦は必要であり、かつ社会の秩序と安寧維持に役立っているとの見解が至るところで支配的なことに気づくだろう。

私は、重大な事実を考察するこうしたやり方をとがめるわけではないが、むしろこれを、同一の場所への多数の人間の集中と切り離せられぬ現象だとする人びとの見解に与したいと思うのである。気候やそれぞれの国の生活習慣によって、そのとる形はさまざまだとしても、売春は巨大な人口集中地に特有な現象である。

売春はあの生まれついての疾患――これを相手どってのさまざまな実験や理論も失敗に帰し、それゆえ、その及ぼす災禍を一定限度内に食い止めようとするしか他に方法はない――と同じように、現に存在しているし、また未来永久に存在し続けるだろう。

公的売春の見るもおぞましい光景に接して、社会がいつもどれくらい憤怒の情を抱いていたか、歴史はわれわれに証明してくれている。それはわれわれに、売春を無秩序、軽罪、重罪などの汲めども尽きぬ泉であると指摘している。文明国は常にこれを訴追し、多かれ少なかれ厳しい罰で処罰し、恥辱の烙印を押してきたのだった。売春の与えるあらゆる不幸な結果を感じとるには、夫や父親である必要はなく、母を持ち、彼女の属する性が、最大の反自然的行為とみなしていい売春の状態や習慣によってどれほど損われているかを考察してみれば十分である。

もう幾世紀も前から売春が広めてきた数々の恐ろしい病気、逃れられぬ感染の恐怖は、売春婦の数を減少させただろうか。けっしてそんなことはない。もっと大きな害悪の発生が確かであっても、その数を減らしはしないだろうし、この面からみた時、情欲に支配され、激情に盲目にされた人間というものは、野獣よりも愚かで先見の明のない存在だということはすべてのことから明らかである。

売春禁止法の無益さ――なぜなら、これを根絶させるのは、当局の権限外のことであり、また売春婦は人間の多数集まるところでは、下水渠や道路やごみ捨て場と同じくなくてはならないものだから――を証明しようとしたら、総体的な、あらゆる時代にわたる経験的知識がなくても、この事実を知るだけで十分である。したがって、当局のとる行動は、売春婦に対するのと、下水渠や道路やごみ捨て場に対するのと同一でなくてはならず、その果す義務はこれを監視すること、可能なあらゆる手段によってそれらに固有な不都合を軽減し、そして、そのために、それらを覆い隠すこと、一言でいうなら、能うる限りその存在を人目につかないようにしておくことである。

隠遁所の奥にいて、社会機構の舵取り役をしている人びとの行動を判断できると信じ、現存の悪習のすべてを彼らの責任に帰している厳格なモラリストには、この決断はたぶん不愉快だろう。立派な原理原則に発するこの意見を尊重することにしよう。だが、こうした意見を述べる人びとには、人間をもっとよく研究するように、そして美徳と同じように、悪徳についても十分にその認識を深めるように勧めてやろう。私について言うなら、当局が妥当と判断する売春婦に対してとる寛容策への中傷者には、次にあげる聖アウグスチヌスの一節で答えたい。

［「金で身を任す女、ぽん引き、この種のあらゆる疫病神以上にけがらわしく、節操のない、破廉恥さに満ちたものが見つけられるだろうか。もし売春婦をなくしたりしたら、人間の欲情は社会を大混乱に陥れるだろう。もし売春婦に貞潔な女性にあてられている地位が与えられたら、すべてが汚濁と恥辱の中に堕していくだろう。だからこそ、この種の人間——その慣習は堕落の頂点に達しているが——が、普遍的な自然の理法に従い、社会の中にある一つの地位——確かに、最も卑しい地位だが——を占めているのである。」］（『叙階論』第二分冊、一二章、ベネディクト版、第一巻、三三五ページ）(1)

だが、聖アウグスチヌスは、修道院に閉じ籠る前に、現世の社会をよく知っていて、その幅広い才知は彼に、この地上の事実を、道徳や宗教の深遠なる真理に関するすべてのことと同じくらい深く考察させたのだった。

売春は、巨大都市では現実に存在するし、これからも永遠に存在するだろう。なぜなら、売春は、物乞いや賭博と同じように、一つの商売であり、飢餓を免れるための——恥辱を免れるためと言っていいかもしれない——手段であるから。というのも、生活手段をすべて奪われ、生命が危機に瀕していると感じている人間は、どんな遊蕩にも身を任せられるからである。実際、このような生活手段は卑しい最低の手段であるが、にもかかわらず、やはり現実に存在しているのである。

法律、さまざまな刑罰、公衆の蔑視、しばしば自らがその犠牲者になる残忍な行為、恐ろしい病気、売春の不可避な諸結果にもかかわらず、どこに行こうと売春婦が存在すること、これこそ売春婦をなくすことができず、かつ彼女たちが社会に固有の存在である明白な証拠ではないだろうか。

編者注

序文

（1） パラン＝デュシャトレはその仕事を一八二七年初頭に開始したと思わせている。が、ドラヴォ警視総監に関する彼の詳細な記述が証明しているように、おそらくもうすでにそれ以前にそれを構想していただろう。

（2） パラン＝デュシャトレの企画とは全く別の企画から生まれた成果であるレチフ・ド・ラ・ブルトンヌの『ポルノグラフ』（書誌の資料参照）は、それにもかかわらず、パランにかなりな影響を与えた。たとえば、売春婦社会に存在する階層の区別（本文第二章七四―八三ページ参照）は、レチフの分析から大きな示唆を受けている。

（3） 《ストラをつけた総監》とあだ名されたドラヴォは、秘密結社の一員だった。一八〇七年から修道会《コングレガシオン》に入り、信徳騎士《シュヴァリエ・ド・ラ・フォア》団に加入した彼は、一八二一年、マチュウ・ド・モンモランシィの推薦に基づき、ヴィレールによりパリ警視総監就任を要請された。一般警察長フランシェの助力を得、ドラヴォは警視庁から、自由主義の疑いある分子や、彼の前任者であるアングレ伯爵によって機能が保たれていた帝政時代の残存者を追放してしまった。売春に関しては、彼は客引きの場所の限定に努め、売春婦登録の最低年齢を一八歳に定め、また一八二三年六月一四日に出したその通達により、娼家の開店をより困難にすることに決めた。さらにまた、彼の施策は、この種の建物をセーヌ川右岸の一定の区域に集中させることを目指した。

パラン＝デュシャトレは、こうしてその政治的偏愛について知られていることがらを確認しながらも、この人物に対する深い共感の念を隠してはいない。

（4） だからこそ、この破壊はパランの仕事を一層貴重なものにしている。とはいえ、この時期に関しては、いくつかの治安報告書類――国立古文書館所蔵 F^{7}「パリ日常生活報告」（特に $F^{7}3885$　一八三一年七月二八日、娼婦探索）や、パリ警視庁記録保管所資料D/A 29, D/b 407〜413を参照——と並んで、一八一六年に行なわれた調査資料（国立古文書館F⁷9304—9305）などが残っている。

（5）マルチニャックによりドラヴォの後任に要請されたドベレイムは、後に躊躇なく七月王政に賛同した穏健な王党派であった。彼は前任者によって評価を落したパリ警視庁の名誉挽回に必死となった。

つまり、組織の政治化に抗し、常にパリ人の幸福な生活への配慮をはっきりと表明することで人気をかち得ることができたのである。

一八二八年、ドベレイムはもぐりの家具付き売春宿との闘争に入り、また娼家に対しても、猫かぶりのドラヴォとは反対の政策をとった。彼はポリニャック内閣組閣時に職を辞し、将軍の祖父マンガンが彼の後釜にすわった。

著名な法学者だった新総監は、超王党派的熱情を示し、政治的秩序保持に、それが失ったばかりの重要性を再度取り戻させた。規制主義の頂点を表わす一八三〇年四月一三日の法令により、マンガンは娼婦の街頭への出入り禁止を試みた。この決定は激しい反発を招いた。

（6）七月王政初期には、一年半足らずの間に、五人もの警視総監が交代した。最初に、七月革命時には非常に限られた役割しか果さなかったにもかかわらず、ジロ・ド・ランが一八三〇年一一月二日までその職に就いていた。彼はドラヴォとマンガンによって導き入れられたシャルル一〇世派を警視庁から追放してしまった。ジロ・ド・ランの後を、トレアール（一一月二日—一二月二七日）、次いでボードが受け継ぐことになる。ボードは、一八三一年二月一五日、大司教管区の略奪にまで及んだ暴動に遅れをとった結果、総監職にはわずか数週間しか止まらなかった。

一八三一年二月二一日から九月一七日まで総監だったヴィヴィアンは、卓越した法学者——当時がその活動の初期だった——であった。彼とカジミール・ペリエとを対立させた論争が、彼の即座の辞任を説明するものである。

ルイ・ジスケは一八三一年一一月二六日から一八三六年九月六日まで総監職に就いていた。したがって、パラン＝デュシャトレが知ったのは、この最後の総監である。彼により、強硬策が勝利を収めた。一八一九年以来ペリエ商店のために働いていたこの元店員は、一八三二年と一八三四年の反乱を非常に手厳しく鎮圧した。彼は新聞雑誌から激しく攻撃されたが、目的達成のためとあらば、専制と公金横領の利用に何の躊躇もしなかった。
(7)《私の指導の下で》という言葉を強調しておいた方がいいだろう。それは、ある意味で、医師、監獄の行政官、慈善事業に従事する婦人連らを、人間科学の研究者——指導階層の啓蒙がその目的であるが——に組み込むことである。
(8) 一八三六年版では、パラン＝デュシャトレの不安感を証明するこの文句を強調するため、大文字の使用を考えていたことを記しておこう。

第一章

(1) 共和暦四年雪月一七日（一七九六年一月七日）、ルーベルは総裁政府の名において、売春に関する法の成立を求めて、五百人会議にある通達を出した。その問題は議会で討議すらされなかった。共和暦五年芽月七日（一七九七年三月二七日）、代議士バンカルはこの問題を再度討議しようとしたが、五百人会議は動議を退け、議事進行を決定してしまった。
(2) パラン＝デュシャトレによれば、娼婦自ら望んでいる社会での疎外《マルジナリザシオン》は、客観的既知事項である。それは権力側からの疎外に先立ち、かつこれを正当化している。
(3) イル・ド・フランス、すなわちここではモーリシャス島である。ブルボン島は今日のレユニオン島である。
(4) ハンザ同盟の三市とは、リュベック、ブレーメン、ハンブルクである。
(5) パラン＝デュシャトレが臨時の出稼ぎ労働者の状況を想起する仕方に気づくだろう。
(6) パランの執筆時、モンプリエの医学部とトゥールーズの法学部が常に大なる名声を博していた。
(7) 事実、地図上にサン・マロからジュネーヴ湖までの境界線——統計学者、特にデュパンとダンジュヴィルの二人は当時その重要性を強調していたが——が引かれている。

（8）パランが理解している《職人階級》は、日雇い労務者、家内工業労務者、及び彼らを雇っている親方からなる。

（9）世紀末に成された同種の研究――パリに関するルース博士の、マルセイユに関するミルール博士の研究――と比較すると、事態の進化が生じていることが明白にわかる。ベル・エポック時代の娼婦が、裕福な家庭の出身である頻度は、彼女たちの先行者よりずっと高くなっている。

（10）荷造り用木箱製造人とは、諸種の箱、特に木箱の製造工のことである。刀剣研師とは、銃剣を磨いたり、組み立てたりする職人。家畜飼育者は、家畜の肥育の専門業者である。実務家とは、ここでは法律実務家を指す。

（11）腐敗堕落の温床たる作業場《アトリエ》への痛烈な非難攻撃は、七月王政期の実地調査員のライトモチーフになっている。そのテーマは、第三共和政初期の売春規制主義論者の中に再度見出されることになる。このテーマはまた、ソシアリストや無政府主義者らにも幅広く利用されるだろう（A・コルバン『娼婦』、パリ、オービエ社、一九七八年、三四七、三五四ページ）。

（12）私生児だった売春婦の率は、世紀末の頃よりずっと高い（『娼婦』、前掲書、七四ページ参照）。これはある社会層――その性格は一定不変ではけっしてないのだ――の進化発展を明確に示している。

（13）パラン＝デュシャトレの方法は、ここで驚くほどの今日性を持っていることが明らかにされている。それは今日の研究者たちに採り入れられている方法を予告している（特にJ・ケニアール『十八世紀西部フランスの都市の文化と社会』、パリ、クランクジエック、一九七八年、三二一ページ以下を参照）。

（14）マジオロの調査によると、婚姻届にサインできた夫婦の割合は、一八一六年から一八二〇年までの期間で、その地方全体では三四・四七％だった（マジオロ『過去の統計……』、BN in-4^{0} Lf^{242} 196, p. 5)。結果は地域により非常に異なることに留意しておこう。当時最低地域はタルヌ・エ・ガロンヌの七・六七％、最高地域はヴォージュの八〇・三一％だった。パラン＝デュシャトレが理解しているのと反対に、売春婦は平均値から少しも逸脱してはいない。

（15）パラン＝デュシャトレは《農村《カンパーニュ》》という項目の下に、パリ地方の重要な諸都市に関するデータを記録している。これが彼の誤った結論を明らかにしている。

(16) 著者はここで、将来の売春婦たちの、暴力による破瓜にまつわるありとあらゆる伝説の誤りを明らかにしている。

(17) パラン゠デュシャトレは売春婦の気質を強調している。がしかし、世紀末の規制主義者たちと違い、環境や貧困の影響を無視してはいけない。

(18) 《お針子》の売春は、十九世紀文学の尽きないテーマとなっている。

(19) フェミニスト、パラン゠デュシャトレ。これはこの人物のそれほど意外な側面ではない。

(20) 著者にとって、階層という言葉は、彼の論じようと試みたあらゆる種類の売春婦を指していることに、すでに気づいただろう。

(21) パラン゠デュシャトレはここで本質的な問いを投げかけている。文明の進歩は、新たな欲求、新たな欲望をかき立てることにより、十九世紀全体にわたる苦悩ともいうべき売春を生み出しているのであると。この強迫観念は、二十世紀の初頭になってかき立てられることになる。今日では、それはコールガール神話の土台となっている。

(22) オーギュスト・ド・サン゠ティレールは、一八三〇年、『ブラジル内陸地帯旅行記』八巻本を出している。

(23) この調査者の示している謙虚さと並んで、用いている方法の厳密さに気づくだろう。それ以来、売春の原因に取り組んできた著述家たちは、彼と反対に、ためらわず断固たる口調をとった。

第二章

(1) ビセートルの性病患者治療にあたった外科医のミシェル・キュルリエは、同時代で最も名高い性病医だった。彼は治療法の人間化に多大な貢献をした。これに関して、梅毒患者が強いられていた肉体的奉仕作業に反対して彼が起した行動は、鎖でつなぎ止められていた精神病患者救済のためにフィリップ・ピネルの起した行動に比較できるだろう。

(2) この証言は重視すべきである。パラン゠デュシャトレは、公的・私的衛生遵守の発達と並行して、人間諸本能の馴致、身体の一定の訓練が、王政復古期から生まれてきたと考えているようである。

これは《興奮せる人》のアンチテーゼである《抑制せる人》というバルザック的理想像と関連づけてみるべきである。もちろんパランは、外的表現の抑圧の中に、売春の諸規則の適用の幸福な結果を見ている。十九世紀の西欧における猥褻行為の発展と羞恥心の表現についての考察は、非常に興味をそそる問題である。

(3) 同じ理由で、フレジエは、売春婦が貯金金庫に頼るよう警視たちにしむけてほしいと述べるだろう。娼婦が示している動揺ぶりは、労働者階級の労働に不可欠な緊張と安定とは正反対のものである。

(4) この種の社会はこの世紀の最後の三分の一世紀の間に増加していく。

(5) 幼児に近い売春婦の未熟ぶりは、しばしば制限選挙王政期の作家たちによって描かれている。それはアルフォンス・エスキロス著『狂気の処女』の基本的テーマである。これは売春婦を精神的に成熟させ、そして彼女たちを実社会の一員とすることを可能にするために、結婚に期待をかけている書である。

(6) パラン゠デュシャトレに従えば、売春婦層の中にでき上っていたヒエラルキーは、社会全体を律するヒエラルキーを反映しているだけだということに気づくだろう。

(7) 著者はここでは、娼婦の《心底惚れた男》を暗示している。このような男の及ぼす影響力は、時代が経つにつれて弱まっていく。

(8) パリ市立病院の外科部長で、外科の実習生指導教授だったギヨーム・デュピュイトラン伯爵は、この時代の最も偉大な医師の一人だった。

(9) 著者によれば、売春婦の中でも《最下級の階層》だけが、泥棒や素行不良の最低のろくでなしたちと親交を結んでいることに気づくだろう。

(10) この返事は問題を避けて通るうまいやり方である。というのは、女性客用の売春婦でないという事実は、娼婦が自身の快楽のために、同性愛を行なうことを拒むことを意味してはいないからである。

(11) 獄舎での同性愛は、世紀を通じて、監獄に関する言説に終始つきまとっていた。その不安は道徳的保守派《オルドル・モラル》（一八四八年の革命で革新勢力の台頭を恐れた保守派が大同団結してできた党派）台頭期に頂点に達する。

(12) ギリシア語 tribein フランス語 frotter〔こすりつける〕に由来するこの言葉については、マリ＝ジョゼ・ボネの論文（『率直な選択』という書名で出版）解題注（38）を参照。

(13) 同性愛に対する売春婦の姿勢はその後変化したようにみえる。

(14) 今度はパラン＝デュシャトレが欠点を示して指摘される番である。つまり、同性愛は犯罪者の増大をもたらすと断定する時、彼はその断定の根拠を明示していないからだ。彼はここでは周囲の偏見を反映しているだけである。

(15) こと名誉にかかわる場合の決闘申し込みに続く果し合いのこと。パランは貴族の用語をからかって使っている。

(16) 売春婦が社会に及ぼす脅威の中でも、彼の目に映った最悪のもの、それは女性の同性愛を広く伝染させることである。男性の存在の全く埒外で、何の規制も受けずに女性が快楽を享受するという考えは、当時のモラリストにとってはとうてい容認し難いものにみえた。

(17) 制限選挙王政の行政官が、社会的混乱を回避するため、分別化という方法を実地に適用させようと必死になっているその熱意がわかる。

(18) 換言すれば、行きずりのどんな客の意のままにもなる女のことである。

(19) 十九世紀後半になると、売春婦社会のピラミッド構造内部での娼婦の相互交流は一層激しくなる。これこそ、当時の規制主義者の不安感をかき立てるものとなる。ナナの揺れ動く運命は、売春婦のこの強烈な社会的流動性を象徴するだろう。

(20) 著者の要約は非常に興味深い。というのは、世紀末の娼婦より安定していた制限選挙王政期の娼婦は、まさにそのことで社会的規範により容易に立ち戻れるのだということを、われわれに考えさせてくれるからである。

(21) エコール・ド・メドシーヌ地区にあったマコン通りは、サン・タンドレ・デ・ザール通りとラ・アルプ通りとを結びつけていた。ルイ・ラザールによれば、この通り沿いの家々は、大部分が十二世紀に建てられたものだった。

(22) 『浮かれ女盛衰記』に登場する装身具販売商アジーは、この種の人物――ゾラのラ・トリコンの遠い先祖――

の見事な小説的世界の再現である。

(23) 一八二九年四月二七日の通達で——その施行はうまく運ばなかったようにみえるが——ドベレイムは売春婦に娼家の前に陣取り、安値の客引きをすることを禁じた。禁止の目を逃れるために、客の心を引き付けたいと思った娼婦は、雇われている娼家の前を行ったり来たりぶらぶら歩くのが習慣になった。エドモン・ド・ゴンクールが『娼婦エリザ』の中で見事に描いてくれたあの《マルシューズ》たちの往来は、一八七八年警視総監ジコにより禁止される。

(24) 売春婦たちの一時的移動の問題については、アベル・シャトラン著『一八〇〇年—一九一四年のフランスにおける臨時出稼ぎ労働者』、リール大学出版局、一九七六年、五一二ページ以下参照。世紀末の軍隊の兵士向けの売春婦の行動については、『娼婦』、前掲書、二二〇—二二七ページで考察されている。当時、性病罹病率はこの階層が極端に高かった。それに反して、娼婦像はすっかり変ったようにみえる。

(25) パラン゠デュシャトレは、このことで、彼女たちは一般的に、手を用いて客に性的満足を与えることでよしとしていると言おうとしているのである。

(26) 事実、パリ警視庁の売春婦登録簿への登録のねらいは、健康で、几帳面で、しっかりと監視の目の行き届いた売春婦を創造することである。

(27) 今度もまた、パラン゠デュシャトレは、彼が最もけがらわしいものとみなしている諸方法を同性愛と結びつけることによって、偏見に追随している。こうした異質なものの混合は、その当時盛んに使われていたやり方である(ジャン゠ポール・アロン、ロジェ・ケンフ『ペニスと西欧の風俗壊乱』、パリ、グラッセ、一九七八年)。

第三章

(1) 当時、水銀は梅毒の主要な治療薬だった。

(2) これこそ、娼婦の衛生観念の欠如について、パラン゠デュシャトレが先に述べたことと矛盾するところだ！世紀末になると、売春婦の肥満は客の嗜好のせいにされるだろう。

（3） 著者は、ここでは、口唇性交行為のことを暗示している。

（4） 十八世紀及び十九世紀の女性のナチュラリスムについては、書誌に挙げたイヴォンヌ・ニービーレールの論文を参照。

（5） パラン゠デュシャトレはここで、ヴィレルメの論文「フランスにおける男性の身長に関する研究」、『公衆衛生及び法医学年報』一八二九年、第一巻、三一五ページ以下、に準拠している。十九世紀の徴兵適齢者の身長に関する最近の研究、特にマリ゠クロード・シャムラ、エマニュエル・ル・ロワ・ラデュリ、イヴ・ルカン、ギー・スージアンの研究（「第二帝政下の青年パリ人の身長に関する若干の考察」、『フランス民族学』一月―三月号、一九七九年）は、身長の社会‐経済的環境から受ける微妙な影響を強調している。不幸にして、女性については比較できるデータがない。パランによって得られた結果を、データ全体の中に位置づけるのは困難である。しかしながら、彼が計測した売春婦たちは、七月王政下のトゥールの監獄に収監されていた女性の軽犯罪者たちより際立って小さかったことを記しておこう（ジャン゠ミシェル・パヴィオ「十九世紀のトゥールの監獄」、修士論文、トゥール、一九七九年）。これは十九世紀の売春婦が小柄か、さもなくばずんぐりむっくりだったという紋切型の見解を裏付けている。

（6） これこそ意外にみえるに違いないが、パラン゠デュシャトレによって用いられている方法《メトード》の特質を明示している一つの結論である。

（7） 当時の医師（マリ゠ジョゼ・ボネ、前掲学位論文、諸所）は、事実、二人のレスビアンのどちらか一方が肥大したクリトリスの所有者であり、そして、同性愛の性的行為に際して、男性の役割を果していると確信していた。パラン゠デュシャトレはここで再度また、紋切型の見解と正反対の主張をしている。

（8） ジャン゠シャルル・コリノー博士は、監獄社会の精神科医だった。

（9） 男色家の《漏斗状の》アヌスについては、ジャン゠ポール・アロン、ロジェ・ケンフの前掲書、六八ページ参照。

第四章

（1）当時広く行き渡っていた夫婦の睦まじい仲は、性行為が夫婦の寝室から外にはみ出ていかぬこと、その寝室は夫婦専用の部屋であることを前提にしていた。娼家も、同じ見地から、健康で、《正常な》性行為の場でなくてはならない。女将は、そこでは、どんな《破廉恥行為》も、とりわけ集団的性行為は厳禁にしなくてはならないだろう。後章に移るに従い、淫売屋は少しずつ、その中では肉体のアナーキーな雑居が支配的なぼろ家のアンチテーゼとして定義されていく。

（2）風紀取締官にとっては、娼家は隅から隅まで透視できるものでなくてはならない。彼らは売春を闇の世界から引き出し、監視可能な光の世界に移すことで、これを浄化するのである。

（3）ドニ゠エチエンヌ・パスキエ男爵がデュボワ伯爵に代り、パリ警視庁長官になった。売春の規制案を入念に練り上げたのは彼である。

（4）にもかかわらず、制限選挙王政下につくられたこれらのアーケード街は、すぐさまパリの新しい売春の中心地になっていく。

（5）当局は、《最下等》地区や城壁跡地で居酒屋を承認後は、パリの中心地でもこれを許可することになる。

（6）以下の文で、著者は規制主義者が娼家に割り当てている役割を非常に正確に定義している。

（7）モルテルリ通りは、ウージェーヌ・シューにより、『パリの秘密』の冒頭の数ページで描写されている。

（8）もちろん、ここでは、第二共和制から第二帝政期にかけて行なわれた取り壊しに先立つ、人間で満ち溢れたシテのことである。

（9）一望監視の意志を上手に要約している表現である。

（10）首都の中でも最も古い地区の一つであるアルシ地区は、とりわけ貧しい人びとの住むところだった。この地区の主要道路であるアルシ通りは、ロンバール通りとサン・ジャック・ラ・ブッシュリ通りとを結んでいた。

第五章

（1）事実、著者は本書に載せていない直前の長い詳細な記述の中で、登録方法の歴史について言及している。

（2）確かに、パラン＝デュシャトレは彼の導入させた改善策に非常に誇りを持っている。実際、娼婦に出生証明書の提示を強く求めるよう警視総監を説得したのは彼だったから。

（3）この手続きは後に廃止される。その他に関しては、尋問の展開は、一八七八年に警視総監ジゴによって確立された規則の実際の適用後でさえも、ほとんど同じままである。

（4）娼婦は男性の視線に楽々と委ねられる。

（5）パラン＝デュシャトレがパスポートの有効性を認めないのは当然である。

（6）ある人たちには、売春婦の従っている自由意志を証明するものと映った契約の法的有効性は、この世紀の間に、厳しい異議申し立てが行なわれることになる。

（7）実際、風紀取締官によって行なわれた限度を越える逮捕は、世人の多くの憤慨を呼び起す。売春禁止キャンペーンの進行にはずみをつけるのは、まさにこの限度を越える逮捕である（『娼婦』、前掲書、三一六—三三九ページ）。

第六章

（1）警視総監から渡される台帳のことである。それは正式に営業許可の承認を表わしている。

（2）肝要な点はここである。つまり、女将は全面的に当局の支配下に——女将は当局の権威を代表しているのだ——なくてはならないことである。したがって、彼女は無統制な放蕩を生み出す人間たる売春仲介業者とは根本的に異なる存在である。

（3）当時のロピタル・ド・ミディ病院のことである。《一般市民》の性病患者用のルールシーヌ施療院は、一八三六年一月二八日に落成する。この日から、ロピタル・ド・ミディ病院は男性用にあてられる。

（4）実際、地方の施療院が女性の性病患者を受け入れる場合——これは稀だが——、彼女らは娼婦と一緒に、恐るべき状況の中に閉じ込められた。反対に、パリの施療院では、それほど屈辱的ではない状況で看護を受けることができた。

(5) 貴金属の艶出し作業のこと。

(6) 娼家内での娼婦の生活に関する他の証言や実例と並んで、数多くの証言や実例がパラン＝デュシャトレのこの断言を否定している。明らかに、著者が風紀取締局、無料診療所、監獄、病舎に関係することがらすべて、一般的に言えば、観察する機会のあったものすべてを十分認識していたとしても、こと娼家内での生活に取り組んだ時の彼の証言の信頼性はそれらよりはるかに低い。日常生活の実態をはるかによく知っていたベローは、一八三九年にその点で彼を非難せずにはおかないだろう。当時の売春文学の主要な二作品が、これを補足してくれている。

(7) 娼婦が仲間内で《手袋《レ・ガン》》と呼んでいるもの。売春婦は身を売っているのではない。彼女らは給与さえも要求せず、求めているのはプレゼントなのだ。このフィクションは現在までも保たれてきている。

(8) これこそ娼婦が拘束されていない全く自由な存在だということに関する肯定的見解を否定するところだ！

(9) しかしながら、七月王政初期は、おそらく重要度の小及び中程度の娼家の黄金期と一致するだろう。

(10) よき女将の資格とは、家事が上手にできるブルジョアの妻の備える資格と同じである。

(11) パラン＝デュシャトレは、無限の論議をほんの数ページで決着をつけてしまっている。すべての規制主義者と同様に、彼も売春活動と経済的繁栄との間に相関関係が存在すると考えているが、これは活動の波動を決定するのは需要のそれであると考えることに帰着する。これと反対に、マルクス、エンゲルス及びその他多くの経済学者は、売春活動を増進させるものは経済的危機——なぜなら、それは供給の増大を生じさせるから——であると断定する。ブルジョアジーは、それゆえ、その利益が減少した時には、プロレタリアートの肉体をずっと割安の値で買うことに成功するだろう。

(12) よく知られているこの伝染病は一八三二年に発生している。

(13) ゾラはこのテーマを『ナナ』の中で再び採り上げることになる。

第七章

(1) パラン゠デュシャトレと同時代の医師たちは、梅毒が広がり、それは地方にまで蔓延していると思わせようとしている(ジャック・レオナール『十九世紀の西欧の医師たち』、リール第三大学出版局、一九七九年、第一巻、一一一六ページ以下)。だが同時にまた彼らは、西洋では、その病気の深刻さは薄らいできていると考えているようにみえる(A・コルバン「先天性梅毒、あるいは不可能な救済……」、『ロマンチスム』三一号、一三一―一四九ページ参照)。したがって、パランの悲壮な響きは、その強度において、梅毒学者らのそれを上廻るものである。

(2) ここでは、後に優生学者たちによりありあまるほどたっぷりと取り上げられることになるテーマの萌芽が見出される。

(3) 持てる力を奪う、すなわち衰弱させる(affaiblir)こと。

(4) 梅毒による種の退化というテーマは今後大いに発展するテーマである(A・コルバン、前掲論文参照)。パラン゠デュシャトレは、世紀末の《人口再増加論者》によって展開される戦いに備えて構えを整えているのだ。しかしながら、これらの戦いは、すでに十八世紀にひんぱんに利用されていたことを確認しておこう。

(5) 世紀末に世に広く強調されていた《幼児梅毒》は、治療の人間化を促進させたいと望んでいた新‐規制主義者の論拠として役立つだろう。

(6) 著者は隔離及びそれに伴う強権的方策を無効とする反伝染論者たち――それは自由主義者であることがしばしばだが――のことをほのめかしているのだ(E・アッカークネヒト「一八二一年から一八六七年までの反感染論」、『医学史年報』、一九四八年)。

(7) とりわけ有名なのがヴェルポーである。

(8) ここでは、道徳的次元の議論を受け継ぎ、そして今日まで売春婦に対してとられてきた強権的方策と並んで、彼女たちの監視を正当化するよう求められた医学的原理が簡潔に述べられている。

(9) 個人別検診表に記入することである。

(10) パラン＝デュシャトレがここで、健康管理という観点から、個人の位置決定方法の話に触れているのだとしたら、非常に重要な記述である。

(11) 実際、施療院においては、娼婦は拘禁状態に置かれていたことを忘れないでおこう。

第八章

(1) 正確に言うと、犯罪（délit）ではなくて、単なる規則違反のことである。

(2) アンシャン・レジーム末期では、パリの売春婦の監視は、パリ警視総監の管轄に属していた。

(3) もともと拘置所が置かれていた。

(4) プティット・フォルスの名で知られていたオテル・ド・ブリエンヌは、一七八五年にサン・マルタン刑務所に代り、拘置所の役を務めた。その後サルペトリエールの後を継いで売春婦の監獄になり、それは一八二九年まで続いた。

(5) 規制主義者たちは常にサン・ラザール刑務所を称賛したがりがちである。そこを訪れた売春廃止論者の言を信ずるなら、現実はこのような牧歌的描写とはほど遠かったし、以後もそうだろう。

(6) パラン＝デュシャトレの行なった調査期間中、鑑札を持った公娼の総数は二五〇〇〜三五〇〇人の間を上下していた。

(7) 一オンスは三一・二五グラムである。

(8) 後に当局はこうした援助禁止の方向に向う。

(9) 売春婦の花への愛着ぶりは、十九世紀ロマン主義文学のライトモチーフになっている。このテーマは『椿姫』〔A・デュマ・フィスの小説、戯曲〕で頂点に達する。

(10) パラン＝デュシャトレは、しばしばそうしているように、博愛主義者とは距離を置いていることに気付くだろう。

(11) 著者によれば、監獄の基本的役目とは、恐怖によって規則への尊敬の念を抱かせるところであり、娼婦の更生を用意するところではない。

(12) 留置人は、それゆえ、正午から翌朝まで食物は一切受け取らない。この制度は、女将から提供される食料が禁じられてしまうと、きわめて厳しいものになる。

(13) 事実、著者は本書には載せていないある章で、売春婦の大多数が《お針子》階層の出であることを指摘している。

(14) けば取りとは、小さなピンセットで、布地のわらくずを取る作業である。

(15) エドモン・ド・ゴンクールの『娼婦エリザ』に出てくる耄碌した女留置人たちの監房描写にヒントを与えたのは、おそらくこのページだろう。

(16) このことは、監獄が公娼の通常の生活の一部になっていることをはっきりと証明している。彼女たちは、そこでは、期待されている存在なのだ。こうして、そこでさまざまな習慣を身につけていくのである。

(17) パラン＝デュシャトレが、独房式監獄に導入されるやり方よりも、オーバーン中央刑務所で効力を発揮していたやり方〔沈黙制。この方式の刑務所が最初に設けられた米国ニューヨーク州オーバーンの名をとり、オーバーン方式と呼ばれる〕により近い方式の支持者であることを示している。

(18) 娼婦の監獄は、博愛主義者が理解しているような監獄とは似ても似つかぬものである（カトリーヌ・デュプラ「一八一九における罰と矯正、博愛主義者たちの監獄」、『フランス革命史年報』七―九月号、一九七七年、二〇四―二四六ページ）。

(19) 実際、刑法によれば、売春は犯罪とはならない。それゆえ、抑止は処罰によってしか果されない。売春廃止論者は拘留の違法性を強調せずにはいられぬだろう。パラン＝デュシャトレは、本書には載せてないある章で、規制主義者の立場を擁護している。

(20) 事実、条例は売春婦に、決められた時間、決められた場所――居酒屋、劇場、公共の広場など――に姿を見せることを禁じている。加えて、公娼は無蓋の馬車に乗って、その姿を人目にさらすようなことは避けなくてはならない。

(21) 公娼や女将が検診に際して支払わなくてはならない税金のことである。パリでは、この税金は、一八二八年一二月一六日ドベレイムによって廃止されたが、多くの地方都市では、依然として効力を保っていた。

(22) はっきりしているのはこういうことである。つまり、規制主義は娼家の発展の奨励に努めていること、娼家の失敗は規制主義の失敗を示すものだということである(『娼婦』、前掲書、一七〇―一九〇ページ参照)。

(23) この指摘は重要である。売春婦は、第一審裁判所に属する真の違反行為で罪を問われるような時でさえも、一般法から逃れられるのである。

(24) ルイ十五世広場は、現在のコンコルド広場である。

(25) この場合、司法当局によって科せられる刑罰と行政上の処罰との間の区別は明白である。

(26) ここでパラン゠デュシャトレの挙げる逸話の面白さは、売春の本題をはみ出している。こうした物語全体は、性表現に関する許容限度の位置づけを可能にしてくれる。

(27) リキュール販売店。

結び

(1) 初版では、パラン゠デュシャトレは聖アウグスチヌスをラテン語で引用していて、仏語訳はしてはいない。彼が読者に想定していたのは、教養ある知識階級だったからである。

本書に載せた仏訳は、『叙階論』のベネディクト版に出ているテキストからのものである。パラン゠デュシャトレの引用した最後の文章は、このテキストから少しそれている。それは、売春婦の低劣さと社会の最下層に置かれた彼女らの立場――いずれにせよ、社会を律する一般的秩序が彼女らにある一つの席を取っておいてやるのだということは強調せずに――との間に存する対応関係を指摘することでよしとしている。

実際、聖アウグスチヌスの完全・真正なテキストでは、売春婦は、ある命題を――この社会および世界のすべての事柄は、その命題に従って組織され秩序づけられているのだという――擁護するための諸々の実例中の一つにすぎない。かくして、死刑執行人が悪意を明示するものだというのももう一つの実例である。がしかし、市民の秩序保持者たる彼は、悪人の疫病神になるのだ。聖アウグスチヌスは付け加えて、同様に、人体自身も、生き残っていくにはどうしても必要な汚らしい器官を一部備えているのだと述べている。こうした見地から見ると、売春婦はまさに社会組織の排泄物のようにみえる。したがって、パラン゠デュシャトレにとって、彼女らを便所や下水渠や便つぼと同じように考察することは理の当然であった。

解題

アラン・コルバン

金銭であがなう変愛を論じてみたいと願っているフランス人の作家なら、[1]まだこれから半世紀以上は、一八三六年に出た『パリ市の売春について』で示された手本を無視できるなどと思う人など誰もいないだろう。その後、その調査研究の質的高さに驚嘆させられたばかりでなく、さらに売春が歴史から欠落しているという確信に導かれて、史家たちは何のためらいもなく、王政復古時代に得られたその数々の成果を、幾度となく繰り返し採り上げてきたのだった。

ところで、本書に盛り込まれた内容の比類ない豊かさにもかかわらず、その著者は全くと言っていいほど無名の存在であった。つい最近でも、ある専門家は、その調査研究が、二〇世紀のほんの少し前になされたものだ、などと思い込んでいたりする有様だった。[2]パラン゠デュシャトレはベル・エポックの乱痴気騒ぎに興ずる女たちの真っ只中にいたなどと……。偽版[3]で巧みに保たれてきたこうしたイメージがすっかり消えてしまったかどうか、私にははっきり断定できない。

したがって、まず冒頭で、鼻眼鏡の奥に、やせて陰険な顔を持ち、良き夫であると同時に良き父でもあり、謹厳実直な生活を貫いたこの小柄で発育不全な男性、その旺盛な活動期の一四年間というもの、死体置場やおわい場のかたわら、下水渠、娼家、売春婦拘置所の中などで過してきたこの男性が、メニルモンタンの博愛家やサン・シモン主義者らと同時代の人間であり、ブルッセより二年、バルザックより一五年、ヴィレルメより二七年前に、年若くして死んだ人であると言い添えておくのも無駄ではないだろう。本書で論じられているパリ市の売春婦たちは、バルザック小説中のエステール・ラ・トルピーユ〔しびれ鱏のエステル、バルザックの『浮かれ女盛衰記』に登場する主人公〕や遊女たちの仲間であって、ナナやラ・グーリュ〔大口女、ムーラン・ルージュの踊り子でロートレックのモデルになった女〕、あるいはラシェル・カン・デュ・セニュール〔マルセル・プルーストの『失われた時を求めて』に出てくる若い女優が、語り手の伯爵と出会う娼館の名〕たちの仲間ではない。

アレクサンドル・パラン＝デュシャトレは医者であり、彼の仕事を理解しようとしたら、何よりも先に、まず彼を同時代の医学界に置いてみることが重要である。一八〇九年、彼は一八歳で、まず最初パリ大学医学部に籍を置くことになるが、これはちょうど医学研究の根本的改革が行なわれたばかりの時期だった。以後、この若き医学生がその教養の中核を修得していくのは、病院や解剖室となる。したがって、パランの分析方法が、臨床医学の影響や、彼が医学教育終了後もずっと続けていった病理解剖学に負うところ大であることも、これで理解できるだろう。

しかしながら、《医学革命前夜》[4]のこの時代を支配していた学説上の混乱から、パラン＝デュシャトレも、同時代の大多数の医者たちと同様に、実にさまざまな影響を受けることになった。彼の科学的信念が折衷主義を示しているのもそのためである。疑いもなく、彼は終りを告げようとするアンシャン・レジームの疫学の根底に据えられていた新ヒポクラテス学説の擁護者に含まれてしかるべきだろう。彼は十八世紀の体質学説の継承者として、自己の学説を展開している。[5]これは病理学と異なり、生態学上の類型の考察に始まり、とりわけ環境の与える役割を強調するものだった。この点については、『パリ市の売春について』の著者が、ごみ捨て場や下水渠の構造やその換気に付与している重要性を見れば、伝染病が主として空気と水の流通の欠如から発生するのだと確信する医師たちのグループに所属していることを何よりもはっきりと証明している[6]。最後に、ここで特に強調しておかなければならないことは、パラン＝デュシャトレが、一七九五年パリ大学医学部に創設された衛生学講座の主任教授の座につき、かつ彼の恩師ともなったアレの影響を強く受けたということである。彼はこのアレを介して、カバニスや《イデオローグ》たちの後を継ぎ、医師の公的義務や社会的役割を強調したすべての人びとの遺産を受け継いだのだった[7]。

『パリ市の売春について』の与える魅力のためだろうか、著者が公衆衛生に関する諸論文と本書とを、順次に、だがそれほどの時間をあけずに執筆していたことなどすっかり忘れられてしまっている。公衆衛生に関する彼の最初の大作であるビエーヴル川水質汚染のレポート[8]は、一八二二年に執筆された。最後の論文の数本は、一八三四年に出版されている。ところで、彼が売春の研究に取りかかったのは一八二七年である。これを執筆し終えるのは、ようやく死の直前、一八三五年の最後の数週間である。彼が好んで使う表現を借りれば、この八年間に、彼の《思考》は、彼の手に委託された公衆衛生の鑑定と、大衆的売春のもたらす諸問題の間を揺れ動いている。彼の用いた方法、そして彼を経験主義的社会学の先駆者の一人としている方法は、この鑑定作業を通じて練り上げられ、洗練され、試されていった。したがって、彼の研究を支えている両翼をそれぞれ解明していくには、この両者を結び合せて考えることが望ましい。それ以外のどんなやり方をとっても、彼の作品の真の理解には至らないだろう。

排泄物の社会生理学

三つの主導的テーマがパラン＝デュシャトレの仕事を構成している。まず最初に、都市を健康的で安らかなものにしたいという欲求。工場《アトリエ》の地方への移転を切望していた大多数の同時代や前世紀の衛生学者らとは逆に(9)、事物の再生力を備えた田園地帯などという神話は、パランの心を全然と言っていいくらい捕えることはなかった。せいぜいのところ、農作業とかトレッド‐ミル（足踏み機）に乗ることとかが、悔悟した売春婦更生の一助になるかもしれぬと考えていた程度である。だが、その場合でも、彼のねらいは、自然に接したり、清浄な空気によって心を洗い清めることより以上に、性的衝動力を抑えるために肉体を酷使させることにあったのである。

したがって、当時として考えられる大衆医療の唯一の形態だった公衆衛生(10)が、都市を健康的で安らかなものにし、こうして国民の至福を保証してやることを自身の義務と考えていたとしても、それは移転、つまり都市の調和を破壊し、問題を他に移し変えるだけの盲目的で組織的な追放によって果せるものではないのだ。パラン＝デュシャトレは都市中心論の擁護者である。税額選挙制に基づく王政（七月王政）の行政官たちが、古きパリの機能の保持を可能にする順応性に富んだ都市改造を試みていたことを知れば、これはそれほど驚くにはあたらない懐古趣味的姿勢である(11)。首都の中心部には、そこで展開されているありとあらゆる人間的活動や多くの産業をそのまま保っておくことが望ましい(12)。このためには、こうした新たな人間的活動の導入で引き起される問題を解決し、周辺地帯のかもし出す息苦しい雰囲気の与える圧迫感を防げば十分だろう。

この点に関して、パランの根底にあった固定観念は、閉塞状況をもたらすごみ、糞便、死肉などの堆積と、非衛生地帯の包囲網とを同時に解消することだった。都市全体が、グアドループ島行のおわい船（乾燥人糞）に乗り組んだ船員たちの辿る悲劇的運命――彼らは積み込まれた大便から発散するガスに冒されたり、窒息させられたりして、船上で死んでいった――と同じ道を辿ってはならないだろう[13]。一八二六年、アムロ下水渠が詰まり、胸のむかつくような汚水で首都の中心部が水浸しになったことだけで十分である。下水溜の水門を開くことに成功したのは、パランの壮挙の一つと言えるだろう[14]。畜肉解体処理場やモンフォーコンの屎尿処理場の示す悪臭発散の脅威もまた象徴的事象である。とはいえ、死体処理場の養っている何十万匹ものネズミが方向転換して首都にやってくることのないようにと、その浄化作業に手がつけられるのは、数十年も後のこととなってしまう。

したがって、まず何を措いても、下水渠を制御し、汚物の排出をきちんと整備し、排泄の生理学を研究して、社会組織の円滑な運行を確立することが肝要なのだ[15]。パラン＝デュシャトレが自身に与えた仕事は以下の通りである。都市の下腹部、つまり精液（『パリ市の売春について』）と同じように、糞便（公衆衛生に関する諸論文）を監視することがそれである。

本書はまず売春に関する著作であって、売春婦に関するそれではない。その基本的目標は、一つの社会的機能の調和をはかることにある。実際、平穏な都市を夢想する人にとっては、性《セックス》とは社会的混乱の主要因に思えるものだ。ただ売春だけがその脅威をくい止められるのだ。こうして、熱力学で強化されたアウグスチヌス流の道徳的リアリズムの見地からすると、売春の必要性は一般に承認されることになる。欲望とは、水蒸気と同様に、一つの力である。それは自身の中に、安全弁を必要とする爆発の危険を抱えたものなのだ[16]。パランはこの安全な運転を保証し、これを健康的なものとするために、この機能を必死に知ろうと努めている。便所や下水道の円滑な働き、死体の流通《シルキュラシオン》、腐肉の合理的処理に何年ものエネルギーを注いだと同じやり方で。

この衛生学者の企てた分析とは、社会という肉体のはらわたの中に降りていくことであり、探検あるいはとほうもない旅の始まりとなる深淵への潜行を意味している。パランのどの研究をとってみても、彼は、都市の内部生活、売春という影のつくり出す襞に対して抗い難い魅力を感じている。解剖学的生理学者が死体を切開し、パランの師レカミエが検視鏡を用いて身体内部を観察しているのに対して、彼は内部器官の生理を熟視しようと降りていき、その当時の他の探検家たちを地方都市の多様性や犯罪に充ち満ちた周辺地域の深部フランスの発見に駆り立てていたあの好奇心に促されて、地下の下水道を歩き廻ったのである。「彼はそうしたことが好きだった、と言ってもいいのだ」、と友人の精神科医ルレは、下水道を話題にした際、彼のことをこのように述べている[17]。また、パリ市役所で開かれたパーティーに招待された時、パランはこのように打ち明けたこともあった。「私はこうした集まりに出ることより、下水道の中に入ることの方がずっと性にあっており、……もう以後、このような場所で私の姿を見かけることなどないでしょう」。そして、彼の伝記作者はこう付け加えている。「彼はその約束をしっかり守った」、と。

排泄物の探検家はまた、死体や腐敗肉から生じる生命体に対しても、こうした魅惑を感じとっている。ロマン派作家ばりの大袈裟なその文章は、ぞっとするような恐怖心を感じさせる。パリ市立病院の地下室で、頬、手のひら、踵の脂肉などがネズミに食いちぎられている死体の厳密な描写[18]、骸骨に食らいついたり、畜肉処理場の地面から植物の残骸を引き抜こうとして、そこかしこにばらまかれている動物の腸にむしゃぶりついている餓死寸前の馬や[19]、モンフォーコン墓地の死体を食いちらすうじやネズミの細密な描写[20]、一八三〇年、サン＝ユスタシュの巨大な地下納骨所に置かれた、胸のむかつくような緑色に変色した顔の三四体の死骸のスケッチなど[21]。

ところで、奇妙なことといえば、死体が話題に上った時に限って、しばしば売春婦が問題にされることである。道徳的な汚物の象徴物、金銭で売られる肉体、交接時の冷たい不潔な場所、これらが死に先んじて語られるものだろうか。さらに、死体解剖と、売春を律する規則以上に相似たものがあるだろうか。人びとが貧者の死体解剖に抗議するや、行政当局は、しごく当り前のように、売春婦の死体に目を向け、解剖室にはフォルス監獄やサン・ドニ留置場で死亡した売春婦の死体で間に合わせることを決めてしまう。一体誰がこれに抗議しようなどと思うだろうか[22]。

当時の医師らの学術論文を読んでみると、彼らが「人間のすぐ近くから、生活を毒する一切のものを取り除いてしまいたい[23]」、という願望に取りつかれていたことがわかる。ジャック・レオナールの言語分析によれば、衛生学上の言説中では、くずとか、腐乱とか、精神的不健全などといった用語が、いかに緊密に結びつけられているのかがはっきりと示されている[24]。ところが、非常に奇妙なことには、パラン＝デュシャトレの態度は、これとは全く違っていることである。彼は浄化という段階を乗り越えて、汚物のかきたてる嫌悪感を克服し、糞便、塵芥、他界（死）などを生産的なものに変えてしまいたいという夢を抱いていたからである。彼の心中にはすでに、ピエール・ルルーの組み立てた《循環》論がくっきりと描かれていたのである。これこそが、初期の頃、彼を悪臭研究に没頭させ[25]、そして、いささか予想外ではあるが、当時の大問題の一つ、すなわち文明の進歩によってもたらされた人間と産業の集中は、真に死の運搬者だろうか、という問いに対する答えの発見へと導いていったのである。

パランは良識と節度を持ってこの問題に取り組んでいる。彼は後に後継者たちから大きな非難を浴びることになる、あの好意的なオプチミスムを示した。彼の目には、産業が内に持つ汚染の危険より、そのもたらす恩恵の方がはるかに優るものだと映っていた。衛生学者としては、企業家の活動を妨げることが、何を措いても心配の種だった。彼の作成した数々の報告書の結論は、皆常に同じである。すなわち、工場や作業場から排出される腐敗臭に満ちた発散物は現実には無害だから、これらの工場や作業場の積極的な導入をはかるべきだと。汚物を除去し、かつこれを再利用すること、だが非衛生という観念によって進歩が阻害され、利潤が問い直されたりしないこと、これがパラン゠デュシャトレの戦略である。

彼の説を信じれば、ビエーヴル川の汚染された水、ラ・ヴィレットの腐敗した井戸水、ヴィルタヌーズの澱粉製造工場から排出された水、そのどれもが無害である。いずれにしても、汚染がそれほど遠方にまで拡散しはしないだろう。フークロワとアレも、セーヌ川にまき散らされている糞便が、その水質を悪化させてなどいないことを証明しはしなかっただろうか。

パランは、胸のむかつくような臭気が、人間の身体に害毒を及ぼすというような等式を認めようとはしない。一日じゅうたん、アスファルト質の瀝青、下水の汚泥、死体などからは悪臭がただよう。だからといって、これらが有害だというわけではない。汚物や人間の排泄物は、治療的価値を持っているとさえ思える。人びとが悪臭に多大な配慮を払うようになったのも、それは文明の発達が新たな感性と、それまで未知だった数々の欲望を生み出したからである。公衆衛生の父ははっきり断言している、今こそわれわれはわれわれの祖先たちの求めようとしなかった《快楽》を体験してみたいのだ[26]、と。
しかしながら、こうした姿勢にあまり驚いてはいけない。パランは、一八二四年から、パリ市保健衛生評議会の補助会員になっており、一八三五年には、その副議長にまでなるだろう。ところで、この組織の使命とは、おそらくまず第一に、指導者たちを常に非難攻撃し、伝染病をエリートたちの大量殺人計画の結果だと思いたがる国民を、安心させてやることである。評議会は、進歩の予備教育の任務を負うているのだ。（言い換えれば）新技術《イノヴァシオン》の無害性を保証することである。これこそ、パランの師であり、後に彼の協力者になった化学者ダルセがその報告書作成の過程でとった姿勢である[27]。ジャック・レオナールもまた、西部フランスの諸地方について、公衆衛生学のエキスパートたちのとった協調的精神を強調している[28]。パラン＝デュシャトレによれば、優れた医者とは、人びとに常に恐怖心を吹き込むような人ではなく、進歩を妨げないようにしつつ、社会の調和に貢献する人を意味していた[29]。

　とはいえ、――これこそ本書の理解に必須のことなのだが――彼の目には、汚物の無害性にも例外がある、と映っていることである。汚物は性病に対しては、恐るべきまた激烈な結果をもたらすのだ。梅毒は、腐敗した場所が近くにあるだけで、その病状が信じ難いほど速まる唯一の病気である。梅毒に冒された下水掃除人が、ほんの数日で死んでしまう有様も見られた[30]。パラン自身、パリ市民病院での性病患者診察の際、際立って死亡率の高いベッドのあることを確認したが、それは吐気を催すような便所に面した戸口のすぐそばにベッドがあったからなのだ。

　このような確信の心的な根源は明らかである。著者の頭の中では、女性用のごみため、売春婦の膣から出た汚物から移された病気の毒素は、当然のごとく、泥や糞便から発する悪息と結びついていることである。この衛生理論は、同時にまた、西欧の道徳が、売春と汚物との間に織り上げている相互の関連性の強化に一役買っている。それは売春婦の私的な衛生を促し——実際は、売春婦自身すべての人間に対して開かれた存在であるから、公衆衛生上の処置が問題であるが——、そして、一般的には、売春を汚物から遠く離れたところに置くことで、これを衛生的なものにしようとするものである。したがって、保健衛生上の管理には、(公衆) 衛生上の監視が伴っていなくてはならないのだ。

パラン＝デュシャトレは、産業労働を忍耐可能なものにしたい——これが彼の研究の主要な第三のテーマである——と切望していた。そのために、彼はまず最初、職業全体を考察し、これを非衛生状態の段階に応じて区分けしようと計画する。これは古くさい、懐古趣味的方法である。というのも、この方法は、職種検証について、かつてフークロワによって出版され、次いで一八二二年、パティシェの手で完璧にされて再版された、ほぼ一〇〇年も前のラマッツィーニの仕事を繰り返しているにすぎないからである。[31] カデ・ド・ガシクールもまた、すでに一八一六年、同じような基準を基に、こうした職業表を作成していたのだった。

『パリ市の売春について』は、当然のことながら、タバコ擦り下ろし職人の調査研究に際して、パランの組み立てた総合的プランの中に含まれる作品である。事実、売春とは一つの職業であり、これに身を委ねる女性は一人の労働者とみなしていい。実際、パランの目論見は、単なる保健衛生状態の報告などというものをはるかに越え出てしまっている。それは「風俗、習慣、しきたり、文明開化の程度、とりわけ知性の発達、などに対する職業の及ぼす影響力」[32]の考察を含んでいる、と港湾労働者への調査研究にあたって著者は書いているからである。こうした観点からみれば、売春婦の調査は、この企ての中で最も完璧な要素を構成することになるだろう。

パランの行なった職業研究は非常に厳しい批判を浴びせられた。その批判は以下の二つの基準に立っている。七月王政期の後半の一〇年に登場した産業病理学の専門家である研究者たちは、産業が人間の健康に与える危険を論じるに際し、パランの示したオプチミスムに激しい批判を浴びせている。実際、彼によれば、下水掃除人、解剖助手、じゅうたん職人、瀝青取扱い人夫、タバコ擦り下ろし職人、モンフォーコンごみ捨て場の屎尿処理人夫、どれをとっても優良な健康状態にあるという。一日五、六時間セーヌ川の運河で働いている荷揚げ人足も、「健康に最も害の少ない」職業の一つを選んだのだ、とも記している[33]。畜肉処理人夫もけっして病弱などではない。一八三二年のコレラ発生時でも、腸処理人夫の中には、わずか一人の犠牲者しか出さなかった……。売春婦の健康と寿命に関するパランの論述——これを全面的に検討し直さなくとも——にも、同じくらい断定的表現がはっきり出ている[34]。

一八四五年、メリエはパランがタバコ擦り下ろし職人について示したオプチミスムを嘲笑の的にしている[35]。これ以前にも、すでにトゥーヴネル[36]はじゅうたんの埃をたたく作業について考察したパランの論文の結論に異を唱えていた。だが、その批判はさらに根底的たらんとした。トゥーヴナンはラマッツィーニ以来の借りものの方法は袋小路に突き当っていること、また優れた研究計画とは、健康を職種などではなく、貧困状態と関係づけて考えることにあるのだと指摘している。こうした批判は、つい最近も、ベルナール・レキュイエによって再度行なわれたのだった[37]。この点について、パラン＝デュシャトレが研究対象としたグループは、大多数の伝統的職人集団でもなければ、形成されつつある産業プロレタリアを代表する人びとでもないことを確認しておくことは示唆的である。問題となっているのは、孤立した人びと、彼らのかき立てる嫌悪感の囚われ人なのだ。パラン＝デュシャトレが関心を持つのは、社会の枠外にある人びとというよりは、むしろ都市の汚物や排泄物や死体や性にたずさわる労働者であり、彼はこれらの人びとを健康的にし、そして安楽な生活に、可能ならば、幸福な生活へ導いてやろうと望んだのである。

さらにまた、売春の研究は、男性側の要求という問題もあらかじめ考慮しておかなくてはならないことをパランが理解していなかったというところを捉えて、彼を批判することも可能だろう。この本には、客に関する視点は全く欠落してしまっている。著者は貧困や病気の社会的原因と並んで、性的悲惨さの分析にも筆を向けてはいない。とはいえ、彼はフランスで、一つの女性集団を研究対象にとり上げ、近代社会学の先駆けとなるような唯一の書を完成させたとは言えるだろう。同時にまた彼は、身体諸器官の照合及びそれらの病理学と並んで、身長、毛髪や目の色などについて、非常に厳密な人類学上のデータも提供している。同時代の性差別論者の持っていた偏見に満ち溢れているとはいえ、彼の行なった同性愛者の女性への考察は、なにものにもかえ難いくらい貴重である(38)。

フランス人男性が、主として徴兵名簿の分析を通して把握できるのが事実だとすれば(39)、制限選挙王政下の歴史家にとって、売春婦は女性の徴兵適齢者の役を果しているのだとも考えられる。売春婦の姿を通して、一般民衆の女性の行動様態が一層はっきりと浮かび出てくるからだ。

最後に、著者の思考のスタイル《デマルシュ》の分析により深く踏み込む前に、彼の研究活動に認められる公衆衛生と博愛主義との間に結ばれている緊密な相互の連関性を強調しておいた方がいいだろう。パランは、長年月にわたって、慈善協会附属医師の職に就いていた。彼は死ぬまで――個人的に診察する患者の診察を止めた後までも——、貧窮者の無料診療活動を続けている。本書執筆の着想は、良書普及を目的に、全国監獄協会によって行なわれたアンケートに答えようとしたある慈善家から提示されたものだった。彼の論文には、悲惨な現状を救済しようという目的だけで書かれたものもいくつかある。若鶏の飼育にハエの蛆の利用を試みたり、馬肉の消費を絶えず奨励したりしているのも、貧窮者に経済的援助の手を差しのべてやろうとするためである。本書の内容それ自身はっきりと、慈善家たちの影響が——だが、彼は彼らを嘲弄しては楽しんでいるが——うかがえる。パランは有力者の支援を得て、監獄内での活動が十分に果せられるように、そしてミシェル・フーコーがこの言葉に与えている意味で、刑務所制度《ペニタンシエール》の増殖が食い止められるようにと望んでいる。彼は性病患者の待遇改善を熱心に説いている。また彼が下水掃除人らの組織化を考えた時には、慈善協会によって念入りに作られた手本に基づいて組み立てられた組合の中に彼らを再結集するように勧めている。

汚水溜の探究者

人間をその研究活動と切り離して考えるのは無分別なやり方である。公衆衛生の父がわれわれを感動させるのも、それはただひとえに全人格を投入するその姿によってである。彼の私生活に関する物語などあっという間に語り尽されてしまう。妻の持参金（五万フラン）、父の遺産（三万六五二七フラン）、晩年の義父からの遺産などのおかげで、パランは研究にすべてを注ぐことができた。家計をあずかり、資産を管理し、四人の子供の教育にあたったのは彼の妻だった[40]。一八三二年のコレラのため、マルティアル家の人びとが大勢死に、家族共同体に亀裂が生じるまでは、パラン＝デュシャトレ家の結束は固く、五代にわたり、先祖代々のジョフロワ＝ラスニエ通りのアパートで、ジャンセニスト的な厳しい戒律の滲み込んだ生活を送っていた。一階には、アレクサンドルの兄マルチアルとその妻、子供たち、四階には、独身の妹カロリーヌが住んでいた。アパート代支払いと引き換えに、この二つの家族と召使いたちの食事の世話を受け持ったのは、このカロリーヌである。

こうして、家庭の心配事から解放されて、パラン＝デュシャトレはその当時の医師団の心を捕えていた性欲学の研究に進んでいくことができた。しかしながら、機会を見つけては、彼本来の医師としての務めも果すことにもなる。さらに、状況次第では、彼は自身の生命を投げ出すこともいとはしない。一八三二年のコレラ流行時には、彼は多大な勇気を発揮している。彼がピチエのコレラ患者に示した献身ぶりに対し、後に功労章が授与される。

しかし、彼の人格は多種多様なモデルの総合体といってよい。衛生学者は自己の職を行政官とみなしている。彼は、十四世紀以来、高等法院や上納金裁判所に、補佐判事や裁判官を送り出してきた先祖代々の古い法職の家系の一員だったからである。彼の父は、一七八四年に、「会計検査院判事」の職を得ていた。大革命によってこの職を剝奪された父は、一転して貧窮生活に追いやられ、モンタルジ近くのシャトレの領地に引きこもらなくてはならなくなってしまった。若きアレクサンドルが、母の手でそのすべての教育を受けながら、幼年期と青年期を過したのは、まさにこの地である。その後、彼は一家の近しい人びとに囲まれながら、多くの司法官たちとの交際を絶えず保っていく。母方の叔父はルアンの裁判所判事、その末弟は弁護士、義兄はパリ高等裁判所判事である。彼の息子は、一八五七年、会計検査院監査官の職に就くことになる。ルレが指摘するように(41)、衛生局に所属すること、それは「国民の尊敬」をかち得ていなくてはならない「治安判事」の職務を引き受けることである。その職責は毅然たる性格、つまりパランが母から受けた教育と同じような「自由《リベラル》な教育」だけが与えてくれる「温和にして和解的な精神」を意味している。

パランが公民としての義務を拒否したことなどけっしてなかったことも言い添えておこう。目が悪く、一八〇九年に兵役が免除されたにもかかわらず、そのことは一八一四年一月八日からの彼の国民軍入隊を妨げはしなかった。このことで、一八一六年にフランス王家百合勲章を与えられ、またレジヨン・ドヌール勲章佩用者に指名されることとなる。おそらくこれについては、混乱するこの時代に彼の表明した《政治的》見解が、一八二二年の混乱発生後の医学部内の不純分子追い出しとその再編成がはかられた際の彼の正教授任命と無関係ではないだろう。

パランが前世紀に生きていたとしたら、たぶん彼はヴォルテール主義の医師が示した、非宗教的《自己》犠牲の手本に従ったであろう(42)。王政復古時代の博愛家たる彼は、これとは逆に、キリスト教教理に深い信仰の念を示している。彼を範として倣おうとする人に対しては、持てる力、なかんずくその勇気をはかるため、前もって〔悔悛の秘蹟を受ける準備としての〕良心の究明をするように勧めている(43)。「善人パラン(44)」、「宗教心厚き人間」と自称する、心優しきオプチミスムを備えた謹厳実直な人間パランは、公衆衛生の道に進んでいった。彼はこの道で、「自身の生命を」承知の上で、「すり減らし」、年若くして死んでしまうのである。

『パリ市の売春について』の著者は、何よりもまず、実地調査者、汚水溜の民族学者である。ヴィレルメは別にして、当時の衛生学者は、ほとんどの場合、行政当局の行なった調査から入手した資料の利用で事足れりとしていることを知ればなおのこと、このことを強調しておかねばならない。「私は私の記述した場所は、ことごとく自分の足で歩いて廻った」[45]、と彼ははっきりと述べている。環状下水道をくまなく歩いて廻り、時としては、連続三時間も地下道の中に潜っていたこともある。さらには、数カ月間、モンフォーコンの畜肉解体処理場に住みついていたりもする。ナントに立ち寄った時には、乾燥人糞を積み込んだおわい船の船倉にまで降りていき、あわや窒息死という目にもあったりしている。

衛生学者は測定したり、実験したりするため、研究に肉体を丸ごと投入している。こうした点では、彼は専門の鑑定報告書作成の任を負った技師というよりも、尿を味見したり、新薬を自身の体でテストしてみたりする医者に近いといえる。持てる感覚機能がフルに動員されている。だが、その中でもまず第一に嗅覚である。公衆衛生とは、何よりもまず、都市を締めつけている吐気を催すような地帯との闘いではないだろうか。パランは臭気観察の専門家であること、そしてよく「鍛えられた」[46]器官の所有者であることを自負している。その魅惑的な探究の過程で、彼の嗅覚は研ぎ澄まされていくと同時に、駄目にもなってしまう。というのも、吐気を催すものと民衆の探究――ブルジョアにとってそれは同じものではないだろうか――の中で、彼はこの民衆に対し、嗅覚上の無関心さを示すからである。以後、彼をその属する階級から切り離す不可思議な変貌である。彼はこう書いている。サン・ユスタシュの地下納骨堂の死体は、「われわれにとってはほんのかすかな臭いなのに、他の人びとにはぞっとするような臭い」を発散していたと。[47]パランはガス観察も徹底的に行なっている。しかも、これらのガスは、ある怪しげな魅力を彼に及ぼしたりする。北部の下水道の中で、彼は「非常に強い頭痛」と、「軽い呼吸困難」を伴った「一種の麻痺状態」に陥っている。[48]それは窒息状態の初期症状にかかった下水掃除人たちが彼に描いてみせてくれたあのエロチックな幻想状態のすぐあともたらされる死に、ほんの一歩で踏み込むところであった。

地下道の専門家は、嗅覚を駆使して測定を行なう。また、戸外で研究作業をする腐敗のエキスパートは、鑑定を依頼されたものはすべて味わってみようとする。ラ・シャペルの汚染された井戸水と同じように、いろいろなめし革工場で汚染されたビエーヴル川の水を飲んでみる。「われわれはそれを味わうことに何の恐れも抱かなかった[49]」、とボンディの汚物処理場に導かれる、液状糞便の流れている褐色の水について彼は書いている。

パランは、悪臭芬々としたくず屋のくず置場も訪れている。ごみ捨て場で集めてきた古スリッパを燃やした火でつくったスープも飲んでいる。彼は観察に観察を積み重ねていく。「時として私は、うだるような夏の盛りに、彼らの家で、二、三日も前から作っておいたというスープを味わってみたが、それは同じ頃、私の自宅でこしらえたスープといささかも異なってはいないように思えた[50]」。モントルイユのごみ捨て場の近くでは、変質した若鶏の肉も食べている。ヴィルタヌーズでは、澱粉製造工場の臭気にあてられた古肉も味わっている。

だが、パランはこれよりもっと先まで進んでいく。自分自身の身体まで実験に供するのだ。その最良の例は、おそらく、二年間にわたって、腐った大麻の研究に従事した時のやり方であろう。「大麻酒」を飲み、大麻を食べたり嚙んだりし、開花期の大麻畑で幾時間も座り込んだりした後で、はっきりその植物の無害性が確認できた、と彼は断言している。こうしてまた、周囲の壁が腐ってむっとするような浸出液に浸された部屋で寝てみようと決心する。ついで、この一連の実験に彼の家族までも引き込んでしまう。三歳と五歳の二人の息子を、この同じ部屋で寝かせてみる。さらに、妻を高熱の幼い赤ん坊と一緒に、その部屋で寝てみることを納得させてしまう。その植物の無害性を検証した研究者は、ついには「大麻の《カナビック》」(51)部屋を自分の書斎にしてしまおうと決心する。こうして彼は、以前下水渠に探し求めに出かけた悪臭を、恒久的に据え付けてしまった。

パランの後について、実験の細部にまで分け入っていくのは、うんざりするような作業になるだろう。ただここで、腐敗の無害性を証明すべく、彼が人間の死体の残骸と一緒に残っていた火で焼いた肉を食べていることだけを付け加えておこう。トレッド－ミルで生じる疲労度をどうしても測定してみたいと思った彼は、トゥーロンの浚渫船の水車の中で、作業員らと一緒に、二時間も足を踏み続けている。アルクーユの採石場でも、この実験を再度繰り返している。

人間がその魂に宿している獣性や汚辱を制圧しなければならないのと同様に、社会の汚泥、寄生虫、汚物をより有効に支配するために、民衆や腐敗臭が抱かせる嫌悪感を学問の名において打ち破ること、これこそパラン＝デュシャトレが根底に据えていた目標である。良家の人びとの目には入らぬすべてのものを浮かび上がらせたいということ、これが彼の願望であり、これこそが彼を死体置場や淫売屋に同時に向かわしめているものである。だが、本書では、事情は全く別である。下水渠の真ん中で生活し、その悪臭を吸い込み、腐敗物を飲んだり食べたりし、悪臭源の中で寝たりしているその彼が、売春婦と肉体関係を持ったなどとは告白してはいないからだ。そんなことをしたら、社会の汚泥に幻惑されたことをはっきり認め、獣性の侵入によって、知識の冷たい純粋性を無効にしてしまうことになるだろう。

パラン＝デュシャトレは、売春婦に対しては、実に憤重である。務めている官職の土台たる国民の崇敬の念を失う恐れはないだろうか。彼は友人たちに相談し、その意見を求めている。彼らは彼の死後まで彼を安心させてやろうとするだろう。[52]彼は夜間娼家を訪れるが、けっして一人では行かない。常に刑事と一緒である。後にまた触れるが、彼は売春業の行なわれている場所の外《そと》に、観察の場を設けようと必死になっている。

売春にその著書をささげたことで、彼がタブーを犯したことは明白である。これを知ろうと思えば、例えば、当時『タン』紙や『デバ』紙が、ラチエ博士に、梅毒などという言葉で紙面を汚すことを拒んだことを想い起せば十分である。[53]ただしかし、非常に奇異なことに、性《セックス》が介入したとたんに、観察の欲求が消失してしまうことである。パラン＝デュシャトレは、売春婦の職業上の行為に一行も触れずに、彼女らについての一二〇〇ページもの大著を書くことに成功したのである。ただ同性愛に関してだけほんの少し触れてあるが、それというのも、同性愛は観察者が巻きぞえを食う危険のない、実験室ともいうべき監獄や施療院の中で開花するものだからである。

さてここで、この人物の抱える深い矛盾について触れておこう。たぶん彼を墓場まで導いていった人格の全的投企と、触知というものへのある種の恐怖心、つまり接触によって自身の名誉が汚されるのではないかという公然たる恐怖心、これが二つながら彼の中に共存していることである。パラン＝デュシャトレは汚染の危険や、窒息死や、中毒死もあえて辞さぬ覚悟だが、ただ一つ、梅毒の感染だけは受け入れようとはしない。下水道の真ん中、下水渠の上、とりわけ娼家の中では、彼は行政官及び医者としての距離を保っている。彼はまさにこうした距離そのものを、風紀取締局所属の臨床医《プラティシアン》にも求めている。それは労働中の民衆、都市を脅かす野蛮人の観察が問題になると、選良《エリート》の側から確かに幾度となく強調されてきた伝統的姿勢である。[54] パラン＝デュシャトレは学者であり、彼の生涯そのものが、科学的な見方から否応なく強いられるこうした距離と、民衆とその性への下降を試みさせる接触への執拗な誘惑との間の闘いに外ならない。

現場でのパランは、じっと沈黙を守っている。彼は「沈思黙考」にふける。すべての人々から敬愛され、ブノワストン・ド・シャトーヌフと並び、ヴィレルメやゲリーらと親交を結びながらも、彼は並外れた視野の狭隘さにがんじがらめにされ、異常なほどの内気さに圧しつぶされている、孤独な人間だった。ルレはその内気さについて、こんな風に書いている。「その内気さといったらとてもひどく、問診しなくてはならない時がくると、恐怖で体がガタガタと震えるほどだった」。[55] 一八二三年に教授に任命されてからも、講義は一度もしなかった。「内気のあまり、人前で話せなかった」からである。

自己の全存在の投企とは対照的なこの心理的抑圧、この絶えざる濾過作用こそ、おそらくパラン＝デュシャトレを、近代社会学成立以前の最大の学者としているものだろう。というのも、この対象との一定の距離こそが、文章表現《エクリチュール》を純化してくれているからである。彼の文体が激烈な感情に屈していることなどきわめて稀であり、憤怒の情に流されるなどということもけっしてない。主題が恐怖心を抱かせるような時でさえ、調子は変らず一定である。これがまた、読者に強い緊張感を持たせることにもなっている。同じようにして、『パリ市の売春について』の著者は、悲哀の情に押し流されたりすることも断固拒否する。彼は貧困を告発するような演説をぶったりはしない。うす汚れた街に住んだ彼は、嗅覚上の反発と同時に、ブルジョア的憤怒の言葉も失ってしまったのである。

経験主義的社会学の最も純粋な代表者

パランの仕事の重要性はまた、方法とか分析プランとかいうよりは、むしろその手続き《デマルシュ》と呼ぶ方がふさわしいものの持っている美点からきている。[56] 彼はいつも、知の諸領域を画する障壁を取り除き、ゆだねられた問題に学際的分析の集中砲火を浴びせようと全力を傾注している。彼の本を一つの総和――これに比べれば、ベローやポトン[57]の著作など、取るに足りぬ簡略主義としか思えないような網羅的仕事の典型である――たらしめているのは、まさしく打つ手の多様性である。この観点から見た場合、パラン＝デュシャトレこそ、いわゆる経験主義的社会学の最も純粋な代表者だと言える。ラザースフェルドが強調するように、[58] この経験主義的社会学が定義困難なのは、研究対象の異種混交性という以上に、研究者の研究法《アプロシュ》と目的の多様性から来ている。化学からは分析方法を、臨床医学からは対話と「注意深い観察眼」[59]を、歴史からは資料の批判的解読法を、物理学からは正確さと厳密さを取り入れているこの社会学は、規範的な主張に熱中し、さほど明瞭とはいえぬ認識論的設計図に裏打ちされてはいるが、誰もが閉じ込めておきたがる単なる経験論などに帰せられるものではけっしてない。パランにあっては、こうした複合性は、百科全書的知識集積への強迫観念によって、より一層内容豊かなものになっている。どれほど些細なテーマにみえようと、長期にわたる書誌学的探索へと彼を駆り立てないようなテーマは一つもない。

　彼の調査研究の慈養源になった学問の中でも、歴史はその最前列に置かれるだろう。歴史家パラン＝デュシャトレも、個別の研究対象に十分なりうるものだ。彼はどんな問題についても、常に時間の幅を長くとろうとする。下水道やアスファルト性瀝青を問題にした時も、古代エジプトに溯ったり、バビロニアの状況にまで触れたりしている。彼は主題を歴史の中に位置づけると同時に、その研究を学問上の累積過程の中に組み込もうと必死になる。彼が公衆衛生の諸問題の変遷に敏感だったのは、おそらく、部分的には彼が医療にたずさわっていたことと、医療が病気の来歴(60)をたどるのに使われるその方法のせいだろう。

こうした思考方法こそ、売春を論じるについて、パランに独自の姿勢をとらせているものである。この問題に取り組んだ多くの著述家と異なり、彼は金銭であがなう恋愛が歴史の埒外にあるなどという考えを認めない。これとは全く逆に、彼は売春というものは、それが増殖していく社会のフラストレーションを反映するのだと認識するに至った。

パランの歴史中心主義は、彼の旺盛な実地研究を妨げるどころか、それをより一層充実させる結果になっている。歴史研究から、この社会学者はいくつかの教訓を取り出している。かくして、売春行為を禁じようとするすべての方策の無効性を彼に納得させるのも、まさしくこの過去の認識ゆえである。また、彼が非常に注意を払い、かつ衛生学者としての彼のオプチミスムの糧となっている、時間の流れの急激な加速というものへのあの敏感な感覚を彼の中に生み出したのも、歴史研究ゆえである。なかでもとくに、動物の糞便や人間の排泄物の分解に言及する時、時間のリズムの急激な変化の意識をはっきり示している。産業の刀によって、人間はともすれば圧しつぶされてしまいかねない汚物の脅威を乗り越えることができるだろう。今後は分解の自然のリズムをもっと速めることができるようになるだろう。普段は慎重居士のパラン＝デュシャトレも、糞便の即時的かつ完全な衛生化とか、さらには馬の死体の腐敗と産業力によるその再生利用を請け合うサルモンやペイヤンの方法を推奨する時になると、これとはうってかわり情熱的になる。巧みに選り分けられ、純化され、即座に再生可能となった動物肉の工業原料への転換という構想は、彼の心をとりこにしている。もちろん私は、彼が同様なやり方で、娼家内での性的関係を速めようと企てていたのだと思っている。リズムの加速は、利益を増やしながら快楽を、すなわち道徳的堕落を緩和できるであろう。瞬間的快楽は、客の家庭及び社会に対し、ほとんど傷を負わせずに済ませられるであろう。

パラン＝デュシャトレの用いた科学〔学問〕を全部数え挙げたりすればきりがないだろう。ただ、彼の調査研究の大部分が共同研究であること、その論文は、ほとんどの場合、地質学、地理学、水理学などにあてられたページを含んでいること、その論理展開には、たいてい、化学的分析の結果や、物理学の領域に属する諸方法の描写が含まれていることなどを強調しておけば十分である。確かに、こうしたすべての点で、報告者は当時まで隆盛をきわめていた「医療地誌学」との親近性をはっきりと示している。同様にして、臭気研究者たるこの医師は、前世紀の換気論に負うところも大である。たぶんこの懐古趣味的特徴は、換気の技術者である化学者ダルセと結んだ厚い友情により、さらに一層強化された。パラン＝デュシャトレは、下水渠研究で得たこの共同作業という感覚を、単独で売春の調査研究を企てた際にも、保持し続けていった。こうして彼は、多くの人びとに繰り返し、何度も協力を呼びかけていくのである。同業の医師仲間や助産婦たちと並んで、慈善事業に打ち込む婦人連やサン・ラザール監獄の女看守にも調査に加わってもらったりしている。

さて、要点に入ろう。パランの研究全体は、このような経験を柱にした注意深い監視、当時の臨床医学に特徴的な、「微少とはいえ、知覚された実在の持つ有効性[61]」への回帰をはっきりと示している。彼は口頭と筆記、これらを交互に絶えず繰り返しながら、調査対象に一連の質問を行なっている。数的に非常に限られた隔離集団を考察しているので、パラン＝デュシャトレはこれを徹底的に調べつくそうとする。国全体の煙草擦り下ろし職人やパリ市の公娼の調査に関しても、こうしたやり方を採っている。これと逆の場合には、全体を完璧に代表しないまでも、常識から逸脱しない程度に、十分な員数からなるサンプルを作り上げようと心がけている[62]。

パランはたゆまず口頭調査を行なっている。自ら直接する場合が一番多いが、そうでない時は、厳密な質問表を渡した調査員を通して行なっている。彼は首都で、くず屋、皮なめし工、腸処理人、じゅうたん打ち職人、モンフォーコンごみ捨て場の作業員、港湾労働者らに、次々と質問している。同一人へのインタヴューを繰り返し何度も行なうことも忘れはしない。下水掃除人には、作業現場や彼らの家で会話を行なっている。ビエーヴル川沿いの住民調査も季節毎に行なっている。畜肉解体処理人には、それぞれ個別に、次いで全員に、インタヴューしている。彼は調査対象を個々の断片に仕分けようと努めている。例えば、セーヌ川の荷揚げ人足については、働いている埠頭に従って分類する。また証人が嘘つきか否かを推定し、その度合で区別しようとする。

調査者は、質問を次々に浴びせるというやり方だけで事足れりとしてはいない。さまざまな対立する医学上の推論に注意を促され[63]、かつ持前の検証癖にせき立てられ、しばしば彼は、自ら名付ける「照合《コントル》‐調査《アンケート》」[64]に没頭する。彼は全員一致の答えが得られて、はじめて事実の裏付けがとれたとみなす。

彼はまた人びとの記憶に頼るというやり方も軽視してはいない。かつての秘密解剖室跡地を教えてもらおうと、パリの中心地に住む古老に尋ねたり、井戸の汚染されていた時代を詳しく話してもらおうと、ヴィレット街の古老たちに尋ねたりしている。

遠隔地の調査をする場合には、パランは注意に注意を重ねている。四五一八名ものタバコ擦り下ろし職人への調査を行なった際には、国内の一〇カ所の工場へ質問表を送っている。彼はこう書いている。「各工場の経営者は、この目的のために、内科医、外科医、工場長、現場主任らを招集して特別な会議を開き、彼らにわれわれの質問項目を示し、そして真剣かつ深い討議をした後ではじめてこれに答えるようにと命ぜられた(65)」と。こうして彼は、「フランスの全く相異なる場所で、互いに何の関係もなく、また何の先入見も持たない人びとの手によって同時に成された徹底的研究」を行なおうと考えたのである。

文献資料への依存もまた、口頭調査を常時補完し、かつその刺激剤にもなっている。パランは自らひと続きのデータを与えてくれそうな記録簿はことごとく徹底的に調べ、これを抜き書きしている。彼自身、非常に長期にわたり、退屈な作業と考えていたこの仕事を、誇りにしていた。パリの労働者に生じる下肢の癌の頻度を調べようと、六カ月もかけて、病院のカルテを調査している。地域住民に質問したり、さまざまな肉を食した後で、工場の操業状態の度合と観測された悪臭のそれとの間に認められる関連性を見出すために、ヴィルタヌーズの澱粉製造工場の帳簿を実に念入りに考察している。彼の売春に関する研究は、風紀取締局保管の記録簿の絶えざる調査を必要とした。誰もが思わず、オーギュスタン・ティエリの心にとりついた記録保管への熱狂ぶりと、警視庁文書保管所へと駆り立てたパラン＝デュシャトレのそれとを比べてみたくなるだろう。一方は死者の一覧表が作成されるのを見、他方は犯罪者識別の平均値を見ているのだ。

衛生学者が、史家として、資料の厳密な考証を行なっていることは言をまたない。彼は資料を一つ一つ確認し、戸籍や伝染病に関する医学上の古い記録を使って、診断書の正否を検証している。パラン＝デュシャトレは、内務省作成の資料の有効性を無条件に認めようなどとはけっして考えていない。彼はその人口調査方法を批判し、そして、学問的研究という枠内では、国内パスポートや労働手帳など全く役立たぬものだと断言してはばからない。彼は利用する資料を、病院のインターンの覚書のような最も整理整頓されていないものから、風紀取締局の文書のような正確さの見本と呼べるものまで、段階的価値規準に従って位置づけている。しかも、利用可能な原資料の豊富さと質的高さは、より突っ込んだ売春研究に専念したいという彼の願望を、おそらく一層深めただろう。これこそが、この書の質を保証するものである。

研究を完成させるために、パランはまたいくつかの新しい資料も作り出している。時として、彼は自ら一種の調査日誌と呼んでもいいようなものもつけている。さらに、アムロ下水渠浚渫工事の際には、作業員の病気をノートにメモしている。さもない場合は、離れた場所から、自身の指導、管理に基づいた観察を行なっている。ルーヴィエ島の水底の泥さらいの工事中には、工事報告書を作成し、そこに工事人夫たちに関するあらゆる出来事を記入しておくようにと、請負業者に要求している。同様に、ブリエール運河会社の株主に対して持つ影響力を利用して、浚渫作業の詳細についての情報も入手することができた。

彼の仕事の中には、世論調査とみなしていいようなものが、あちこちに姿を見せている。秘密解剖室の研究をした際には、こうした建物の存在から生じた人びととの苦情を分析し、不平分子の用いる論拠の量的考察を行なっている。さらにパランは、公衆衛生を推進させるべく、世論に大がかりに訴えかけることも企てている。彼はこうして、糞便を瞬時にして乾燥させるある粉末の効力を、パリの歩道上で、公開実験して証明する機会を設けることも推奨している。

売春の研究中に、著者は制御された観察を、半実験的社会学へと進化させていくことになる。調査を成功させるため、無料診療所や監獄病院、ごく狭い範囲では、更生所などを、時として実験室の役目も果す、観察と質問の場所にしている。彼の本の貴重な富の一つである医学及び人体計測上の観察を行なっているのは、まさにこれらの場所である。

だが、これらの実験室ではまた、同性愛者《レスビアン》の監禁、売春婦のあらゆる性的関係の突然の停止などから生じた諸結果を測定することもできた。こうした場所では、売春婦の宗教や誠実さというものへの態度の分析も可能である。彼は収容されている売春婦の観察を依頼し、こうして、ある売春婦の場合では、六カ月以上にもわたって監視下に置いていたこともあったと打ち明けている。

パランは修道女たちに、生理に基づく隔離の効果を測るため、局部用の布類を詳細に調べて欲しいと頼んでいる。また彼は、この同じ要因の、疾病率や死亡率に与える影響も必死で見分けようとしている。衛生学者たる彼は、時として、直接実験に加わったりもする。教戒師の説教を聞きに来て、娼婦らの反応を観察するのである。慈善事業に打ち込むご婦人連と売春婦をばったり出会わせ、隣室に身を潜めながら、その会話を聞いたりもする。はっきりと認めておかなくてはならないが、彼と一緒に誕生しつつある社会学とは、興奮で思わず身体に震えがくるほどである。

後にミシェル・レヴィが書いているように(66)、パラン＝デュシャトレが医学を断念して公衆衛生の道に進んでいったのは、公衆衛生がその土台に医学的統計を必要とし、かつ「一般的事実、純粋な数字、実際的なデータを必要としている」からだった。事実、『パリ市の売春について』の著者は、そのすべての観察を、真実に到達できる唯一の方法である「数字のふるい」[67]にかけようと考えている。このふるいは、誕生しつつある統計学の原則であるいくつかの単純な原則を尊重しなくてはならないものだと彼の目には映った。[68]つまり、問題を分類し、強烈な印象を与えるような事柄を一般化してしまわないように、多くの数にあたって推論し、厳密さと正確さとを示し、生のデータではなくて、比率を考え、選ばれた変数間の相関関係を明らかにすることである。

パランはすでに、こうした方法の医学への適用を試みていた。その論文、「大脳蜘蛛膜の炎症に関する考察」の興味を惹くところはそこにある。すでにこの仕事の中に、後に彼が適用することになる統計学的方法の要点が認められる。[69]病気とその継続期間に与える年齢、性別、職業、住居などの影響を計測しているからである。彼の頭の中では、確認、検証への思いが常について離れず、登録簿や検診ノートの綿密な検査により、質問データを確認している。

だが彼はすぐさま自身の試みが失敗に終らざるをえないことを理解し、こうして進歩を妨げる数々の障害を告発することになる。同時代の医学が道徳的偏見の上に立ち、権威という原理が支配の座につき、いかなる科学的な数量的観察方法も、名医と称される人びとの激しい反対にぶちあたってしまっていたからである。数多くの肩書きと栄誉に満たされていたにもかかわらず、パランは常に医師団に対して激しい敵意を示している。彼の遺言書とみなしてもよい「いくつかの状況下での、医学的偏見がもたらす障害について……」と題されたその論文の中で、この感情がはっきりと示されている。

ところが、これと反対に、公衆衛生学の領域となると、彼は容易にその観察を「数字のテスト」に付すことができた。下水掃除夫に関する論文、その後の売春についての著書がこれをはっきりと証明している。しかし、医学の領域と比べて、これがそれほど重要な革新的視点を含んでいるものではないことに留意しておこう。

社会機構の舵取り

周知の通り、社会調査とは、本来国家の仕事である。パラン゠デュシャトレの研究もその例から外れるものではない。一八二二年から一八三五年にかけて書かれたその研究論文は、執政政府と帝政期にあたる、統計研究熱高揚期に属するものではなく、他方、一八三二年に創設された『フランス一般統計学』第一号の発刊が始まる一八三四年からの第二期――統計学者たちの注意が、プロレタリアの脅威に集中する時期――とも関係づけられない。したがって、パランの業績《ウーブル》は、そのほぼすべてが、博愛的関心の強まり、道徳的な統計学の発展、公衆衛生の進歩などの特徴がはっきりあらわれる過渡期に含まれるものである。

事実、一八二二年から一八三〇年にかけて、地方の大都市に、諸種の衛生委員会が創設されている。一八二九年には、パラン゠デュシャトレとその友人たちの提唱で、『公衆衛生と法医学年報』の刊行が開始される。この年報は、経験主義的社会学の主たる賛同者たちの論壇となっていく。

それゆえ、パラン゠デュシャトレの研究は、「社会機構の舵取り役をしている人びと(70)」と密接に結びついている。この衛生学者は、衛生委員会、パリ警視庁、司法当局などのために調査、研究を行ない、自分自身のためにそうすることなどめったにない。売春に関する著書にとりかかった際、彼はしごく当然のように、彼の企てを利用したいと望んでいた警察官の助力を仰いでいる。公衆衛生の専門家として、パランは自らを絶大な権力の保持者だとみなしている。

　衛生学者たちの意図は、『年報』第一号につけられている趣意書にはっきりと示されている。公衆衛生学は、予防と治療活動のほかに、「その前途に、道徳の領域で、もう一つ別の未来が待ち構えている。公衆衛生学は、人びとの習慣、職業、社会的地位のあらゆる微妙な差異の探求を通して、国力や国富に影響を与える意見や助言を導き出すのである。それは哲学や法律学と連携することで、人間精神の歩みに多大な影響を与えることができる。さらにまた、モラリストを教化し、社会の示す欠陥の数を減らすという偉大な責務に向かわなくてはならず、……こうして、治療手段は、肉体的、知的人間の解明にその活動様態を見出し、そして生理学と衛生学とが統治の学問にその知識を貸し与えてやれるようになった時以上に力強いものとなる時はけっしてないだろう」、と。

　パランの論文はどれも、問題の歴史的説明を施し、調査結果を報告した後で、著者の提案する改革案にあてられた部分が含まれている。著者はひたすら社会への応用研究を行なっているのだ。彼の経験主義はテクノクラートのそれである。彼の提示するのは、ユートピアとは根本的に異なり、またその本は、レチフ・ド・ラ・ブルトンヌの『ポルノグラフ』とはこの上もなくかけ離れている。衛生学者はそれまであったものを白紙に還元したり、現実を理想的な仕方で再構築したりはしない。必要とあれば、汚物と妥協することもできるのだ。自身の生きている社会の全体的機能のメカニズムを理解しようと努めるイデオローグの一片すら、彼は持ちあわせてはいない。彼はひたすら即時的な改善策の適用を考えているだけである。この改善策は、彼がいつもその適用を目にしたいと望んでいた次の四つの単純な原理から生じたものである。

一　ある種の社会現象を、誰もが一致して悪とみなしているにもかかわらず、その必要性を認めること。ここには、患者を死の危険にさらすより、むしろ必要な苦痛は黙認したいとする医者の姿が認められる。これは、貧困を極端な悲惨さと放蕩に変化させせないように努めながら、それを許容していた十八世紀の選良たちのとっていた姿勢である。

二　いかなる場合でも、個人の利益、それも特に所有権の利益は、十分に尊重すること。パランは損害という概念に――わけてもそれが企業の経営者に関係する場合は――非常に敏感である。

三　絶えず社会的コストを念頭に置くこと。たとえどれほど効果的であろうとも、費用のかさむ活動《オペラシオン》はすべて棄て去るべきである。

四　救済策の適用に際しては、区別を設けること。与えられた問題に対して、一義的な解決策などないとパランは確信している。ミシェル・レヴィがはっきりと見分けたように、『パリ市の売春について』の著者の独創性とは、けっして金銭ずくの恋愛の必要性を認めたことにあるのではなく、「どんな形をとろうと、どれほど濃淡の差があろうと」[71]、それが不可欠のものであることを認めたことにある。

これらの原理の適用は、パランに単一なモデルの上に組み立てられた改善策を強く勧めるようにし向けた。したがって、公認の娼婦の改革者を考察しなくてはならないのは、ある一つの全体的視野からである。著者は、この領域で、ひたすら同じことを繰り返し述べているにすぎない。衛生学者という職業を通じて、彼はいくつかの救済策の有効性を確認した。そしてその後で、ただこれらの救済策を絶えず人びとに勧めるだけでよしとしている。売春に関する本が、彼の書いた最後のものであるが、そこに重大な新機軸が含まれているわけではない。すべてを説明しているのは、下水渠のパランなのである。

公衆衛生のどの分野でも、規則の必要性ということは避けては通れない。ここでも、パランは、衛生委員会の創設以来、首都パリで少しずつ入念に練り上げられてきた規則に同意し、かつ称賛しているだけである。この点については、パリは知識の中心であり、公衆衛生の恩恵が普及するためには、他の諸市がこれを模倣すれば十分だろう。パラン＝デュシャトレは、売春についての規則万能主義を考え出したのではなかった。幾たりかの同時代人とは反対に、彼はその規則の適用を王国全体にまで拡げようとすることには消極的である。だが、その倦むことのない唱道者だった。どんな形の下であれ、規則への賛美の念こそ、彼の唯一のレトリックである。こうして、規則の恩恵を結果の質で判断することになるのである。食用に不適な牛馬の解体やごみ捨て場に関しても、彼の目には、その成功は完璧なものと映っている。売春も、それ自体は、それほど胸のむかつく薄汚いものではなくなっている[72]。

規則の目的は、汚物、大便、醜悪なるものを喰い止め、抑え、こうしてそれをあたうる限り清潔にすることである。そのためには、まず第一に範囲を限定し、次にその脅威をしっかりと認識すること、人間が問題の場合には、それをきちんと記録しておくことである。パランは、畜肉解体処理人がその活動及び作業状況をしっかりと記録していないことに苦情を呈している[73]。反対に公娼を当局の監視下に置くことを可能にしている登録簿や資料カードのシステムは、彼には一つのお手本のように思えた。

効果的な監視は、関係する社会層の分類、最も多くの場合、その階層化という技術の実際的な適用を前提としている。アムロ下水渠浄化の仕事を引き受けたパランは、まず一定の作業員数の選定から始め、「彼らの食事、飲物、着物、清潔さ保持への気配り、作業すべき時間などに関する事柄」[74]について細かい規則を定めた。病人、酔っ払い、放蕩者らを排除するため、「毎朝、全員が一人一人点検されることが決められた」、と彼は書いている。発案者は付け加えて、こう言っている。「われわれの二番目の処置は、古参の作業員の中から、最も経験豊かな四人を選び出し、これをリーダー及びサブ・リーダーの任務につけ、……そして彼らに絶対的な権力を与えてやることだった」[75]。彼らは特に、最大限の清潔さが常に保たれているように監視する任務を帯びていた。同じように、娼家にあっては、女将が当局からの委任を受けて、抱える娼婦に対して全面的に権威をふるい、彼女らの清潔さ、健康状態、品位保持の監視にあたらなくてはならない。

こうした危険な社会《ミリユー》は――というのも、それは汚物と触れ合うところだから――、直接的であろうとなかろうと、当局の監視下に置かれていなければならない。パランは下水掃除夫について、「われわれは……彼らを常にわれわれの監視下に置くことができた」[76]、と書いている。衛生学者として、中央畜肉解体処理場建設を計画した際には、同時に、これを監視するための特別な視察官のポストの設置も考えている。地下で働く作業員の生存にとって、下水渠の換気は不可欠である。そのために、ダルセとパランは、四人の作業員が交代で動かす足踏み式換気装置を設置することにした。だが、彼らはまた、その人間がいなければ、下水渠の作業員の生命が危険にさらされる臨時の視察官たる五人目の作業員によって、この四人の作業員も監視されるように準備していた。

女将は娼婦が相互に監視できるように、彼女たちをけっして一人きりにはしないだろう。客と売春婦が出会う部屋の戸にはガラスがはめられ、錠もついていてはいけないだろう。娼家の戸口や階段は常に灯りで明るく照らされていなくてはいけないだろう。室内で生じていることはすべて、女将と風紀取締官の目に止まるようになっていなければならないのだ。パランの見解では、当局はもぐりの売春婦が徘徊する連込み宿の何軒かは黙認しなくてはならないから、公娼がそこで一定の監視役を果せられるようにと、当局はこの種の連れ込み宿もまた、これらの公娼が頻繁に足を向けられるようにしておかなくてはならないだろう(77)。

　規則の絶え間ない適用は、醜悪な社会階級の全面的な転換を成し遂げ、さらにコペルニクス的転回により、これを肉体的、道徳的衛生の模範に変えることになる。大便は治療的価値を得、巨大な富の源となりえないだろうか(78)。パランは、彼の研究している胸のむかつくような下水溜を、地下の至福の国に変えてしまいたいという不可能な夢を追い求めている。彼がユートピアと結びつくのは、おそらくここである。公衆衛生は人類を進歩と幸福へと導くものであるから、不潔この上なき集団《グループ》を一変させることにより、その教えの有効性をはっきりと証明することが重要である。

　汚物を扱う労働者については、彼は転換《コンヴェルシオン》という言葉を使い(79)、その著書の中では、作者によって入念に練り上げられ、指導された戦略のおかげで、徳化され、衛生的で、かつまた健全にして幸福な下水掃除夫という神話の展開する有様が見てとれる。下水溜の作業員たちが、売春婦に似せて、強固な連帯感を示していることを言っておかなくてはならない。パランは書いている。「彼らはすべて土地も財産も持たず、彼らの中では、完全な平等が行き渡っているので、真の友愛の持つ魅力のすべてを知っているのはおそらく彼らだけだろうし、真の幸福の典型を探しに行くなら、それはパリの下水道の中だと言われたとしても、私は驚いたりはしないだろう」[80]。彼は、彼らに組合をつくるように勧め、「この状況では、他の何より増して徳性が必要であるから、ひとたび組合が結成されたら、そこには既婚者しか入れないつもりである」し、「素行の悪い人間は排除して、最も人気のある職にするだろう」[81]、と付け加えている。

売春の浄化を論じる段となると、パランはもう一つ歯切れが悪い。とはいえ、汚らしいぼろ家の反対物として捉えられ、正常でありかつ性急な、あらゆる破廉恥行為も、さらにはどんな享楽的行為の追求も排除され、厳格な医学的監視体制の下に置かれた娼家は、都市の性の治癒の手段と変り、過剰な精虫がそこから流れ出ていく衛生的な下水道になりうるのだという考えが、彼の脳中にあったのだと思ってもいいかもしれない。病院や保護施設と並んで、淫売屋を社会の医療施設の一つにしようという、挫折しながらも、絶えずよみがえってきた夢である。教多くの辛辣な言葉からみて、パラン＝デュシャトレは、われわれ二十世紀の、害悪、危険などを防止するための予防的淫売屋という観念の遠い始祖の一人であるように私には思われる。

この衛生学者の企画の成功は、当局の目から逃れているすべてのものとの闘いを想定していることはもちろんである。事実、規制は、必然的な結果として、空中と地下というように、相対立する二つの世界を生み出す。登録簿への記載や娼家に入ることは、娼婦を暗闇から脱け出させ、権力の浄化する光の世界に近づけさせることである。これこそ社会秩序を脅かすすべてのものから手に入れなくてはならないものである。暗く不透明なるもの、すなわち公衆衛生活動に逆らうものは、逆のプロセスを経て、不健康なものの集中へと向かいがちである。売春、解剖、畜肉解体処理が問題になると、パランは秘密《もぐり》という強迫観念にとりつかれてしまう[82]。秘密《もぐり》という観念は、彼に嫌悪の念を抱かせるのだ。集団的性行為とか、その当時反自然的と称されていた行為とか、ありとあらゆる性的「倒錯」行為などが増殖するのは、まさに汚らしいぼろ家なのだ。パリの真ん中で、破廉恥な人脂取り扱い業に資材を供給しているのは、秘密の解剖室である[83]。有害な肉の取り扱い業の根源にあるのが、秘密の検査不合格の畜肉解体処理場である[84]。

重要な事実として、公衆衛生の発展によって生み出されると同時にまた抑圧されることにもなった秘密性は、同じような外観を示す場所に集中しやすいことである。パランは次のように記している。「昨年二月、オプセルヴァトワール地区保健衛生委員会は、不衛生のゆえに、売春婦で溢れる一軒の娼家に注意を促したが、そこではまた、地区住民の食料用の大量の馬肉が発見されたのだった」[85]。秘密の肉取引はまだ未分化の状態だった。許可を受けていない解剖室をとりしきる教授たちは、死体を入手するため、ぽん引きが女を狩り集めるためにするように、「出入りの商人」を活用していた。彼らはラテン区の小路にそうした施設を整えていたのだが、その小路に沿って、汚いことこの上もないようなもぐりの娼婦らが身を潜めていた。

秘密性《もぐり》と闘うため、当局は行政上の規則を適用しなければならないが、同時に、時には、規則違反を大目にみなくてはならぬこともある。実際、パラン゠デュシャトレの理論では、許容の概念は二重のレヴェルの上に立っている。繰り返すが、実際に行なわれているように、必要とみなされている悪は容認すべきである。いわゆる娼家についても事情は同じである。死体解剖室も、「可能なあらゆる手段を用いて、そこから生じたさまざまな悪影響を緩和しながら、容認しなくてはならない必要悪である」[86]。さらにまた、ごみ捨て場についても、「したがって、こうした場所は存在しなければならず、それも必ず、どんな事情があっても、存在しなければならないものである。隣接する農村の住民にはこれを容認してもらわなくてはならないのだ[87]」。

だが、同様にまた、規則に先立つものではなく、これを拒否する第二のレヴェルの許容が存在する。諸規則の存在にもかかわらず、秘密性《もぐり》が生き残っているのは、それがある必要性に応えているからである。再度繰り返すが、パラン＝デュシャトレはその根源を発見しようとするまで分析の筆を進めてはいない。彼は秘密性《もぐり》を当局の監視下に置き、破廉恥行為が制御不能なまで増殖するのを防ぐ唯一の方法ともいうべき、秘密性《もぐり》の一部分の容認を勧めることでよしとしている。病院内の解剖室の存在や、一定の地区での連込み宿の存在などは、規則に反するものであっても、黙認しなければならないのだと。

いずれにせよ、汚物の容認には、どんな場合でも、次の二つの予防策の適用が伴っていなければならない。汚物のたまる場所を限定すること、これを国民の中でも良識のある人びとの目に入らぬよう、厳密に覆い隠しておくことである。

実用上、場所の選択は、集中と分散という二重の原則に応ずるものでなくてはならない。

汚物や悪徳の集中には多くの利点のあることは一目でわかる。それは、結果的に、広大な空間を衛生的にし、浄化するからである。だからこそ、パラン＝デュシャトレは解剖の集中に賛成するのである。彼はさらに、市有地につくられた広大な産業地帯に、「悪臭を放つ不潔な建物」を再編成する計画まで予測している[88]。同じやり方で、いかがわしい地区への娼家の集中も効果的だろう[89]。しかし、分散は汚物をもっと上手に吸い寄せ、より有効な排水口を与え、都市の調和を尊重し、とりわけ、病気の集中から生じる危険を未然に防ぐという利点がある。それについては、淫売屋も病院も事情は同じである。古いパリ市立病院を取りこわそうと考えている時に、性的貧困を処理するための赤線地帯をつくろうなどと夢想するような時ではもうないのだ。現実的な解決策は、したがって、一定の集中と大なる分散を共存させることである。パラン゠デュシャトレは、広大な中央畜肉解体処理場の計画を立てているが、同時にまた、分散した小規模な処理場の容認も強く勧めている。

いずれにせよ、いかなる場合でも、下水溜を覆い隠し、腐敗肉処理施設の活動を人目にふれぬようにすることが肝要である。腐敗物から生じる悪寒のするような臭気と闘っている医師たちが助言しているように、汚泥を水没させ、これを無害にしてしまわなくてはならない。娼家の窓はきちんと閉められ、これらの建物の入口には、二重の戸がつけられていなくてはならない。拘置所とサン・ラザール監獄間の娼婦の移送は、独房式囚人護送車の元祖たる有蓋車で行なわれるだろう。[90]だが、そこでは、公衆衛生に関する単独の予防策が問題なのではない。解剖室を規制した一八〇三年一〇月一七日の政府命令によれば、「窓の外で、窓覆いの役目をしている板に釘付けされた厚地の布を用いて、窓がいつも覆われているという条件の下で[91]」、許可は与えられるだろう。何と恥ずべきことか！ 解剖室に面した窓のいくつかは、「その地区の女や乙女たちでいつも一杯だったのだ[92]」。この政府命令は、「死体は有蓋車で解剖室に運ばれるように」、と規定している。[93]パラン゠デュシャトレは動物の死体についても、同じタイプの移送手段を用いるようにと勧めている。彼は中央畜肉解体処理場の入口を、「そこで行なわれている作業を、あたうる限り通行人の目に触れぬようにするため[94]」、公道に面した場所でなく、建物の背後に設けることを計画している。死もセックスと同じように、つまり腐敗する肉も欲望の対象たる生身の肉と同じように、覆い隠しておくことが重要なのだ。

明らかに、パラン＝デュシャトレの仕事は一つのものである。彼の諸論文がいかに相互に呼応したものであるかはっきり示しえたと思う。とはいえ、彼が計画の一貫性、幅広い文献調査、分析の厳密さを最も徹底的に行なったのは、まさに本書においてである。この著作は、七月王政下の知的選良や権力のメカニスムを知る上で最適の入口となっている。それは個人の位置測定の行政的技術の完成に大いに寄与した。

『パリ市の売春について』は、経験主義的社会学の頂点に位置する作品である。ベルナール・レキュイエが指摘しているように(95)、一八三六年以後、二重の後退現象が生じてくる。まず最初に、さまざまな大望の後退がそれである。公衆衛生は社会の計画化という意図の大半を失い、ずっと狭い、技術的問題の中に閉じこもってしまう。同時にまた、科学性の弱化である。ヴィレルメの調査は、明らかに、方法上の後退を示すことになるだろう。したがって、その後本書の名声を築くことになるのは、その持つ認識論的重要性であり、長期間にわたってそれが及ぼしてきた不健全な魅力などではない。

とはいえ、著者のなした業績は、その全体から見た時、単に社会調査及び行政上の技術の歴史の中において、重要な一段階を画しているだけではない。それは誇りや体面を失くした肉体とか死体に対する姿勢にかけがえのない情報を与えてくれている。以上のことからもわかるように、排水と腐敗の理論家であり、性に魅せられたパラン＝デュシャトレは、結局、死せる肉体にしか興味を抱かなかったことは事実である。

解題注

(1) 全く別の視点で書かれた『尻軽女』（パリ、A・ル・ガロワ書店、一八四〇年）の著者アルフォンス・エスキロスは除く。さもなくば、別の問題提起がなされるのを目にするには、一八八二年のイヴ・ギュイヨの『売春』の登場を待たなくてはならない。パランの影響力はまた、イギリスの作家たちにも非常に大きかったことを付け加えておこう。

(2) ヘルマン・シュライバー『世界で最も古い職業』、パリ、アルバン・ミシェル社、一九六八年、一九七ページ。

(3) 『パリの売春』、パリ、ピエール・フォール社、一九〇〇年。この版の文体は修正されている。それはベル・エポック時代の客層に合わせて脚色されている。

(4) ジャック・レオナール『十九世紀の西欧の医師たち』、リール第三大学出版局、一九七九年、第一巻、三〇五ページ。

(5) これについては、ベルナール・レキュイエの「医師と社会観察家たち」『公衆衛生学と法医学年報（一八二〇―一八五〇）』、統計学の歴史のために、パリ、INSEE、第一巻、四五〇ページ、を参照。

(6) 大学《ファキュルテ》やアカデミーの自由主義者と同じように、パラン＝デュシャトレが、当時支配的だった反感染論者グループに入っていたかどうかを知るのは、もっと困難である（エルヴィン・アッカークネヒト「一八二一年から一八六七年までの反感染論」、『医学史年報』、一九四八年、は彼を挙げてはいない）。この領域では、彼の立場のいくつかは相矛盾しているようにみえる。

(7) これについては、エルヴィン・アッカークネヒト『一八〇〇年から一八五〇年までのパリの医学』、パリ、パレ・ド・ラ・デクーヴェルトの講演集、一九五八年、六ページと、ジャック・レオナール、前掲書、第一巻、三一七ページ参照。

（8）『ビエーヴル川またはゴブラン織工場とその水質改善手段に関する研究と考察……』、一八二二年。（一八三六年死後刊行の二冊〔パリ、J－B・ベリエール書店〕、『公衆衛生……』からの引用以外の引用文は、アレクサンドル・パラン＝デュシャトレによって出された諸論文を見よ）。

（9）アルレット・ファルジュ「自身の労働で病気となった職人たち」、『ESC年報』、一九七七年九月―一〇月、九九六ページ。

（10）ミシェル・レヴィ『公衆及び私的衛生論』、パリ、J－B・ベリエール書店、一八四四年、第一巻、五〇ページ。

（11）ジャンヌ・ゲラール『都市パリ』、パリ、シャンピヨン社、一九七七年、の諸所。

（12）パラン＝デュシャトレは、こうして、パリの中心部に、大麻浸漬精練工場設置を可能にしたことを自負している。

（13）『乾燥人糞〔プードレット〕積載船の、海上で発生する重大事故の原因と性質を発見するための研究』。一八二一年。

（14）『アムロ下水渠、ロケット運河、サン・マルタン運河などの諸運河浚渫に関する報告書』、一八二九年。

（15）パランに与えたブルッセの学説の影響はどれほどだっただろうか。深く掘り下げるに値する微妙な問題である。彼には、社会について、有機体《オルガニスム》の隠喩の頻繁な使用が認められる。加えて、その医学的観念は、都市のレヴェルでは、病理学とはまさに、機能の損われた生理学であるという確信が深い影響を与えている（ジャック・レオナール『西欧の医学……』、前掲書、第一巻、三二八ページ）。

（16）ミシェル・レヴィ、前掲書、第二巻、六九八ページ参照。

（17）「J・B・パラン＝デュシャトレに関する簡単な史的紹介」、『公衆衛生』、第一巻、XIIページ。

（18）『パリ市の畜肉処理場……』、一八三二年、一三四ページ。

（19）同上、五五ページ。

(20) 同上、九三ページ。
(21) 「一八三〇年七月の事件後、パリで行なわれた土葬と発掘に関するノート」、『公衆衛生』、第二巻、八一ページ。
(22) 「解剖室の与える影響と衛生化について」、『公衆衛生』、第二巻、三一ページ。
(23) ジャック・レオナール「西欧の医師……」、前掲書、第三巻、一一四三ページ。
(24) 同上、一一四〇ページ。
(25) 『パリ市の畜肉処理場……』、八ページの中で、彼はこのことを明瞭に述べている。
(26) 「発熱性オイルやタールがもたらす障害について……」、『公衆衛生』、第二巻、四二六ページ。
(27) ジャン＝ピエール・ダルセ『作業場、公共建築物、個人住居の衛生化に関する論文集』、パリ、L・マチアス、一八四三年、XXXVページ。
(28) 『西欧の医師……』、前掲書、第三巻、一一五二ページ。
(29) 『医学的偏見……の障害について』、一八三五年、五ページ。
(30) 「下水渠……に関する試論」、『公衆衛生』、第一巻、二五六ページ。
(31) これについては、アルレット・ファルジュ、前掲論文。
(32) 『公衆衛生』、第二巻、六一八ページ。
(33) 同上、第二巻、六三九ページ。
(34) 実際、彼は彼女らの寿命は工場で働く女性らの寿命を上廻っているとみなしている。
(35) フランソワ・メリエ医師「タバコ工場に雇用されている労働者の健康について」、『公衆衛生学年報』、一八四五年、二七六ページ以下。
(36) トゥーヴネル医師『衛生学の基本原理』、一八四〇年、第二巻、一六八ページ。
(37) 「制限選挙王政下での人口、統計、公衆衛生」、『史的人口統計年報』、一九七七年、二四一ページ以下。
(38) これについては、マリ＝ジョゼ・ボネ「女性同士の変愛関係」、第三期課程学位論文、パリ第七大学、一九七九年を参照。

(39) フランスの徴兵適齢者に関する多くの研究、なかでも特に、ジャン゠ポール・アロン、ポール・デュモン、エマニュエル・ル・ロワ・ラデュリ共著の『フランスの徴兵適齢者の人間学』、パリ゠ラ・エ、ムートン社、一九七二年を参照。

(40) パランの私生活に関する詳細のすべてについては、パラン゠デュシャトレ大佐著の『わが家族、家系』、ラ・シャペル゠モントリジョン、一九三九年を参照。

(41) 「パリ衛生評議会に関する二、三の考察」、『公衆衛生』、第一巻、五―七ページ。

(42) ダニエル・ロシュ「才能、理性、犠牲的行為――王立医師協会の賛辞に基づく啓蒙主義時代の医師像(一七七六―一七八九年)」、『ESC年報』、九―一一月号、一九七七年。残余については、この論文を読むと、パランの生涯は、一八世紀末に組立てられた手本に合致していることは明らかである。

(43) 本書序文、五―六ページを見よ。

(44) ルレ医師「略伝……」、前掲書、xix-xx ページ。

(45) 「下水渠……に関する試論」、前掲書、一六〇ページ。

(46) 同上、二二四ページ。

(47) 「一八三〇年七月の事件後、パリで行なわれた土葬と発掘に関するノート」、前掲書、七六ページ。

(48) 「下水渠……に関する試論」、前掲書、二四七ページ。

(49) 「便壺……に導入さるべき改善策に関するレポート」、『公衆衛生』、第二巻、三八六ページ。

(50) 「腐敗からの発散物……がどれくらいかを決定するための研究」、『公衆衛生』、第二巻、八七ページ。

(51) 「大麻浸漬精練……」、『公衆衛生』、第二巻、五四三ページ。

(52) パランの遺作を紹介するためにとったルレの大仰な口調を見よ。

(53) フェリクス・セヴラン・ラチエ「《性病の拡散を防止するための最適な医学上の取締り策は何か》の問いに答える」、『公衆衛生年報』、一八三六年、二六六ページ。

(54) 特に、アルレット・ファルジュ、前掲論文、一〇〇〇ページ参照。

(55)「略伝……」、前掲書、xiii ページ。
(56) これについては、ベルナール・レキュイエ「制限選挙王政下での人口、統計、公衆衛生」、前掲論文、二四二ページ参照。
(57) F・F・A・ベロー『パリの売春婦とこれを規制する取締り策』、パリ、デフォルジュ社、一八三九年と、アリスト・ポトン医師『大都市、とりわけリヨンにおける売春と梅毒について』、パリ、J－B・ベリエール書店、一八四二年。
(58) ポール・ラザースフェルド、F・ブローデル記念論文集、トゥールーズ、プリヴァ書店、一九七三年、第二巻、二九一ページ。
(59) ミシェル・フーコー『臨床医学の誕生』、パリ、P・U・F社、一九六三年、IXページ。
(60) この問題については、一八二一年三月二一日、医学アカデミーでアレによって報告された研究報告に、興味深い考察がある。アレクサンドル・パラン＝デュシャトレ及びルイ・マルチネ『大脳及び脊髄蜘蛛膜炎症に関する考察……』、パリ、クルヴォ社、一八二一年、viii-ix 参照。
(61) ミシェル・フーコー『臨床医学の誕生』、前掲書、viii ページ。
(62) 彼は、パリの港湾労働者の研究にとりかかる前に、このようにして、六七〇人の個人サンプルをとっている。
(63)『パリ市の売春』、一八三六年版、第二巻、一〇ページ。
(64)『公衆衛生』、第二巻、三四七ページ。
(65)「タバコの与える実際の影響に関する報告書……」、一八二九年、一八六―一八七ページ。
(66) 前掲書、第一巻、五〇ページ。
(67) 第一章、一八、三〇ページ。
(68) これについては、すでに挙げた総合的な著作、『統計学史のために』を参照。
(69) それはまた、一八三〇年の『パリ市の非常に多くの職人たちの両足にしばしば悪影響を及ぼす潰瘍の真の原因に関する研究』にも認められる。

(70)「結び」、一六五ページ。
(71) 前掲書、第二巻、六九八ページ。
(72) 第二章、四五、四七ページ以下を見よ。
(73)『パリ市の畜肉処理場……』、前掲書、五〇ページ。
(74)『アムロ下水渠、ロケット運河……に関する報告書』、『公衆衛生』、第一巻、三一四ページ。
(75) 同上、三五〇ページ。
(76) 同上、三六一ページ。
(77) 第四章、一〇五、一一一ページ。
(78)『下水渠……に関する試論』、前掲書、二五二ページ。パランは、便壺に導入すべき改善策に関する報告書の中で、汚物の輸出は、首都の最大の潜在的資源の一つであると述べている。
(79)『アムロ下水渠、ロケット運河……に関する報告書』、前掲書、第一巻、三六二ページ。
(80)『下水渠……に関する試論』、前掲書、第一巻、二五九ページ。
(81) 同上、三六一ページ。
(82) だが、この観念はベローや他の規制論者たちの方がもっと強いことを記しておこう。
(83) 首都でのこの驚愕すべき人脂取扱い業については、『解剖室の与える影響と衛生化について』、前掲書、二二一二五ページを見よ。パランは特に以下のように記している(二四ページ)。「ナポレオンのマリー・ルイーズとの結婚式の際、われわれは彼ら(解剖室の助手たち)が、油脂を混ぜて固めたこの人脂で、莫大な数量のランプを用意し、これを近隣の食料品店に売ったり、パリ大学医学部やリュクサンブール宮殿の照明に使用される有様を目にしたのだった」。
(84) 不適格畜肉処理場からもたらされる肉の取引については、『不適格畜肉処理場……』、前掲書、三七ページ以下を参照。
(85) 同上、四三ページ。

(86)『解剖室の与える影響と衛生化について』、前掲書、一ページ。
(87)『医学的偏見……の障害について』、前掲書、五一ページ。
(88)「パリ市に閉鎖的中央不適格畜肉処理場建設に関する……報告書草案」、『公衆衛生』、第二巻、三二四―三二五ページ。
(89)第四章、一〇四、一〇六―七ページ。
(90)第八章、一四六、七ページ。
(91)『解剖室の与える影響と衛生化について』、前掲書、第二巻、一二ページ。
(92)同上、一三ページ。
(93)同上、一二ページ。
(94)『不適格畜肉処理場……』、前掲書、一〇八ページ。
(95)「制限選挙王政下での人口、統計、公衆衛生」、前掲論文、二四二ページ。

訳者あとがき

本書は『においの歴史』や『娼婦』などの著書により、今日十九世紀フランス社会史の最も代表的な研究者であるアラン・コルバンによって編まれた、十九世紀初頭パリで活躍した、医師で公衆衛生学者だったアレクサンドル・パラン＝デュシャトレの主著『十九世紀パリの売春』Alexandre Parent-Duchâtelet, La Prostitution à Paris au XIXe siècle, Texte présenté et annoté par Alain Corbain, Editions Du Seuil, 1981 の全訳である。

書誌をみてわかるとおり、原著の初版は『公衆衛生、道徳、行政の面から見たパリ市の売春について』De la prostitution dans la ville de Paris, considérée sous le rapport de l'hygiène publique, de la morale et de l'administration という長い書名で、一八三六年に出版された。それは上下二巻にわたり、優に一〇〇〇ページを越す大著で、その中には繰り返しや冗慢な箇所も数多く認められるため、編者アラン・コルバンは思い切ってそうした部分を割愛し、必要不可欠な部分のみを拾い出し、再度編集し直し、その際同時に書名も簡潔に改めたのが本書である。原著には本書にはない種々の統計資料や図表などがまだ数多く載せられていて興味は尽きないが、常に民衆の好奇と猥褻の対象でしかなかった売春を歴史の中に正しく位置づけたパラン＝デュシャトレの先駆的業績の評価という編者の意図からすれば、縮約版の本書でその役目は十分に果されているだろう。

＊

パラン＝デュシャトレといっても、大方の読者はその名に接するのは、恐らく本書が最初だろう。訳者について言えば、それは十九世紀前半に活躍した――時期は少しずれるものの、パラン＝デュシャトレの生きた時代とほぼ重なる――女性および労働者解放運動の先駆者フロラ・トリスタンの主著『ロンドン散策』の中で目にしたのが最初だった。

パランやフロラの活躍した一八二〇年―一八三〇年代といえば、イギリスに始まる産業革命の波がベルギーを通りフランスに現われる時代で、それまで主として女性労働に頼っていた「糸を梳き、紡ぎ、織っていたすべての農家」が解体し、農村女性の多くが続々とパリをはじめとする大都市に流入しようとする時代であり、また都市は都市で、「当時、女性一人で、食と住とで年間二百四八フラン以下では都市で暮らしていけなかったことを経済学者は明らかにしている。その一方で、女性は若ければ百七二フラン以上は稼げなかったのである。一番の盛りには二百五〇フランになったが、年を取ると百二六フランに落ち込んでしまう。貧窮と絶望が売春に導く、というのは哀歌の上だけに限った話だけではない」（アラン・ドゥコー著、山方達雄訳『フランス女性の歴史4 目覚める女たち』、大修館書店、一八九ページ）というように、都市における庶民階級の多くの女性にあっては、売春以外に生きる術を持たないような悲惨な時代であった。こうした現状の改善の道を必死に模索していたフロラは、当時の売春婦の実態を、それまでまだ誰も試みたことのなかった統計学的手法を用いて克明に描写したパランの『十九世紀パリの売春』に接し、非常に深い感銘を受けたのだった。フロラは『ロンドン散策』の中で、何よりもまず「不屈の粘り強さでパリ市の売春の実態を調査・考察した」パランの学問的姿勢に共感し、さらにまた、当時としては最も進んだ実地調査と統計的手法による現実把握の試みを高く評価し、以後『パリ市の売春について』は、フロラの思想形成に測り知れぬほど大きな影響を与えることになったのだった。

しかし、時代を先取りするすべての優れた研究者の例に漏れず――もちろん、それには派手さを厭い、万事控え目にという彼の性格も考慮しなくてはいけないが――、少数の同学の士を除けば、生前のパランの業績は全くと言っていいくらい世に知られることはなかった。その意味では、失意の生涯だったと述べても言いかもしれない。したがって、パランの人物像に関係する同時代の資料も少なく、残されているものは、書誌中の『A・J・B・パラン゠デュシャトレ略伝』と『わが家族、家系』の二点くらいである。幸い、訳者の入手した一八三七年の第二版『パリ市の売春について』に、パランの同僚であったビセートル病院医師F・R・ルレの手による、パランの生涯および業績に関する簡潔な紹介文が付けられている。解題のアラン・コルバンによるパランの伝記との重複を恐れず、以下このルレの解説に従い、もう少し詳しくパランの生涯を辿ってみたい。

＊

パランはフランス革命の発端となったバスチーユ襲撃の翌年一七九〇年九月二九日、会計検査院判事を務める父と、公証人の娘だった母の長男として、パリで生まれた。革命前は三万五千リーブルの年金を得て、この一家は何不自由ない生活を送っていた。しかし、一七九二年この恩典は廃止され、彼らは一挙に貧困生活へと追いやられてしまう。止むなく彼らはパリを離れ、モンタルジ近くのシャトレと呼ばれる寒村に逃れ住んだ。幼児より向学心旺盛なパランだったが、革命前の教育システムが根こそぎ破壊されてしまったため、父の指導の下で、全くの独学で勉学を修めなくてはならなかった。

一八〇六年、一六歳になったパランは、父の強い意向で、パリに上る決意を固める。学を修めて一家の柱になろうという意志と、同胞たちに少しでも有益な人間になりたいという願望から、パランは躊躇なく医学の道を選択し、一八一四年、二四歳でパリ大学医学部の博士号を得た。こうして、念願叶いパリで病院を開いたものの、数年後突如これを閉鎖してしまう。というのも、パランはそれまで学んできた医学に根底的な疑念を抱き始めたからだった。その間のパランの心のうちをルレは次のように述べている。「真理として出されている多くの意見は、患者のベッドでみると、否定されることが多く」、また「多くの人の称揚する学説も、実験的なテストに耐え得るものではなかった」有様であったと。彼の求めたものは、『十九世紀パリの売春』の基本理念になっている「真の信仰ともいうべき正確さへの志向」にも繋がる証拠《プルーフ》であり、同時代の医学はほとんどこれに重きを置いているようにはみえなかった。

開業医を止め、救貧協会や慈善問題検討委員会所属の医師に就きながら、自己の進むべき道に苦悩していたパランに適切な助言を与えたのが、大学時代の恩師であったアレである。彼はパランに衛生学の道に進むように勧め、その助言でパランの迷いもふっ切れて、これ以後、一八二一年から死亡する一八三六年まで、パランは公衆衛生学研究に没頭することになる。この時期のパランこそ、まさしく水を得た魚と形容してもいいだろう。死亡するまでのこの一五年間に、共同で、あるいは単独で、長短とり混ぜ実に二九本に及ぶ公衆衛生に関する論文や報告書を執筆しているのである。

公衆衛生学に関する最初の論文は、「乾燥人糞積載船の公海上で発生する災害の原因と性質を発見するための研究」と題された、乾燥人糞輸送を扱ったものである。当時フランスでは、モンフォーコンからグァドループ島へ多量の乾燥人糞を運んでいたが、輸送中に発生するガスのため多数の死者が生じ、大きな問題となっていた。人糞を輸送しないことが最良の解決策であったが、植民地はこれをどうしても必要としていたのである。パランはこの論文で、乾燥人糞に石膏を混入し、ガスの発生を抑えられることを述べ、見事にこの問題への解答を提示している。だが、彼の「経験主義的社会学」という独自の研究方法が最も鮮明に浮かび上がってくるのは、一八二四年、アムロ下水渠浚渫作業を機に、パリ警視総監ドラヴォの発意で創設されたパリ市保健衛生評議会に加わってからである。彼がこれを足場にして発表した論文は数多いが、それらを貫く中心的テーマは、厳密な実地調査に裏付けされた数値――ルレはこれを称して、パランの第二の宗教と呼んでいる――の追跡である。例えば、工場設置の申請があった時、許可の可否を科学的データに従って判断するに当たり、彼は工場を見るだけでよしとせず、何より先に労働者のもとを訪れて、直接彼らと会話を交し、健康状態を確認し、その寿命や病気のデータを入手しようと試みる。こうして、その観察結果を詳細にカードに記入し、数値の統計をとっている。しばしばとか、時々などという曖昧な用語は彼の論文には一切登場してこない。彼にとって必要なものは、一つ一つ集められ、相互にコントロールできる正確な数字だけである。彼にあっては、真実とは数字だ、と極論してもいいかもしれない。統計学的手法に基づく社会的諸事象の把握という試みは、パランをもって新しい時代が開始される、とアレは述べている。

この公衆衛生学研究で得られた成果を背景にしながら、一八二七年から一八三五年までの八年という長い年月を費してパランの大作『パリ市の売春について』が完成するのである。彼をこの書執筆に駆り立てた主たる動機は、すでに述べたように、幼い頃から彼の中に根強くあった、同胞たちに少しでも役立ちたいという道徳的感情と、他方で、十八世紀末から十九世紀にかけて、主として売春婦を仲立ちにして猛威をふるっていた性病を根絶させたいという公衆衛生学者としての使命感だった。この二つの感情を基に据え、そして公衆衛生学研究で獲得した新しい統計的学手法を存分に駆使しながら、後のヴィレルメ『綿、羊毛、絹織物工場で雇用されている労働者の肉体的、道徳的状態図』（一八四〇年）、ウージェーヌ・ビュレ『イギリス、フランスの労働階級の貧困』（同上）、フレジエ『大都市の危険な階級と、彼らの現状改善のための手段について』（同上）、などの先駆けとなる本書がパランの全精力を傾注して執筆されるのである。

＊

本書の翻訳に取りかかったのが約三年前、専門用語や特殊用語が数多く、意味を読み取るのに四苦八苦という有様で、つい当初の予定より完成が遅れてしまった。その間終始忍耐強く待ち続け、かつまた校正に際しては多大な助力をいただいた法政大学出版局の平川俊彦氏に心から感謝したい。

一九九一年一二月

小杉隆芳

書　誌

以下の書誌は選別されたものである．正確を期そうと思えば，読者諸氏は，アラン・コルバン著『娼婦』（Alain Corbin, *les Filles de noce,* Paris, Aubier, 1978, pp. 538-564）に出ている書誌を参照されたい．

パラン＝デュシャトレの本書は，19世紀において，四版出された．

本書が忠実に従ったのは，著者に近しい人びと，とりわけ友人の精神科医ルレによって整えられた遺作版である『公衆衛生，道徳，行政の面から見たパリ市の売春について……』（*De la prostitution dans la ville de Paris, considérée sous le rapport de l'hygiène publique, de la morale et de l'administration...,* Paris, J.-B.Baillière, 1836, 2 vol.）である．がしかし，本書では，理解を容易にするために，コンマを付け足したり，除去したりしてもよいと考えた．

第二版は1837年に出ているが，初版と比べて修正個所は一つもない．

トレビュシェとポアラ＝デュヴァルの二人により，新資料を付加して完全なものに仕上げられた第三版は，1857年に出た．これはかなりな増補版になっていて，そこにはヨーロッパ主要都市の売春にあてられた興味深い相互比較の章を含んでいる．発行者は，追加部分はすべて，本文中で角括弧に入れて示すように配慮している．実際のところ，植字工らは必ずしも常にこの指示に従っているわけではない．

1900年，パランの本書は『パラン＝デュシャトレ医師著，パリの売春』（*la Prostitution à Paris, par le Dr Parent-Duchâtelet,* Paris, Pierre Fort, 1900, 360 p.）という不正確な書名の下に，不完全な再版が行なわれた．性急な史家たちが典拠としているのは，しばしばこの

テキストに他ならない．事実，これは削除部分も指示されていない選集である．しかし，もっと重大な問題がある．原著が改変されたことである．したがって，これは欠陥版であり，このことは十分に強調しておかなくてはならない．

パラン＝デュシャトレによって執筆された——単独で，あるいは共同作業で——公衆衛生の34本の論文全体は，1836年，『公衆衛生，あるいは公益のための職業や仕事に適用される最も重要な衛生上の問題に関する論文集』（*Hygiène publique ou Mémoires sur les questions les plus importantes de l'hygiène appliquée aux professions et aux travaux d'utilité publique,* Paris, J.-B. Baillière, 1836, 2 vol.）という書名の下で，一つにまとめられた．しかし，そこには，『少女に観察される悪徳及び犯罪の傾向』，（«Penchants vicieux et criminels observés chez une petite fille», *Annales d'hygiène publique et de médecine légale,* 1832, t. I, pp. 173-194）の論文一本が欠落している．

これらの著作に，ルイ・マルチネと共同で執筆された『大脳及び脊髄の蜘蛛膜の炎症に関する考察，または蜘蛛膜の理論及び臨床史』（Martinet, *Recherches sur l'inflammation de l'arachnoïde cérébrale et spinale, ou histoire théorique et pratique de l'arachnitis,* Paris, Crevot, 1821, XXXVIII-612 p.）を付加しておくべきだろう．

パラン＝デュシャトレの人物像は著作家たちの創作欲をそそるところなどほとんどなかった．最も多くの資料は，次の作品から得られた．

『A. J. B. パラン＝デュシャトレ略伝』（*Notice historique sur A. J. B. Parent-Duchâtelet,* Paris, 1836）．これは『パリ市の売春』（*De la prostitution dans la ville de Paris*）第三版に載っている．

とりわけ，

『わが家族，家系』（Colonel Parent-Duchâtelet, *Notre famille, généalogie,* La Chapelle-Montligeon, 1939, 120 p.）から多くの資料を得た．

ジャン・ル・ヤウアンは戸籍と登記類の非常に厳密な考察に専念した．彼には心から謝辞を呈したい．

その他については，後のいくつかの著書，なかでも特に『公衆衛生学及び法医学年報』（*Annales d'hygiène publique et de médecine légale*）叢書にまばらな資料が認められる．反対に，19世紀前半にかけて出された数多くの医師名辞典類は，アレクサンドル・パラン＝デュシャトレ医師について１行も触れていない．

その時代でも，売春史にあてられた著作は何冊かあるが，多くの場合，それらはかかわる時間の幅が長い．とりわけ次の書を参照．

『売春婦及び悪所に関する法制史』（Sabatier, *Histoire de la législation sur les femmes publiques et les lieux de débauche,* Paris, J.-P. Roret, 1828, 268 p.）

『古代から現代までのあらゆる民族の売春の歴史』（Dufour Pierre（Paul Lacroix のペンネーム）, *Histoire de la prostitution chez tous les peuples du monde depuis l'Antiquité la plus reculée jusqu'à nos jours,* Paris, Seré, 1851–1853, 6 vol.）

もちろん，売春文学の別の偉大な古典であるレチフ・ド・ラ・ブルトンヌの『ポルノグラフ　あるいは売春婦規制案についての誠実なる一男性のいくつかの着想』（Restif de La Bretonne, *Le Pornographe ou Idées d'un honnête homme sur un projet de règlement pour les prostituées,* Londres-La Haye, 1769, 368 p.）に特別な地位が与えられることは当然である．

著者とほぼ同時代の調査報告書，無数の誹謗中傷文書，請願書，さまざまな文献類（その大部分は『フランス史目録』（*Catalogue de l'histoire de France*）整理番号 Li⁵ 87–202 に載っている）の中でも，次のものはぜひ挙げておくべきだろう〔以下，書名・著者名いずれも原題・原著者名そのまま記した〕．

Alhoy M., *Physiologie de la lorette,* Paris, Aubert, 1841.

Béraud F. F. A., *Les Filles publiques de Paris et la Police qui les régit,* Paris, Desforges, 1839, 2t.

Biographie des nymphes du Palais-Royal, Paris, 1823.

Buret E., *De la misère des classes laborieuses en Angleterre et en France,* Paris, Paulin, 1840, 2 vol., VI-424 p., VII-492 p.

Canler L., *Mémoires de Canler, ancien chef du service de sûreté,*

Paris, Hetzel, 1862, 446 p.
Cuisin P., *Les Nymphes du Palais-Royal*..., Paris, Roux, 1815, 104 p.
——, *La Galanterie sous la sauvegarde des lois,* Paris, 1815, 156 p.
——, *La Vie de garçon dans les hôtels garnis de la capitale ou De l'amour à la minute,* Paris, 1820, 264 p.
Delvau A., *Grandeur et décadence des grisettes,* Paris, A. Desloges, 1848, 104 p.
Dumas Alexandre (père), *Filles, lorettes et courtisanes,* Paris, Dolin, 1843, 338 p.
Élouin M., Trébuchet A. et Labat E., *Nouveau dictionnaire de police*..., Paris, Béchet jeune, 1835, 2 vol.
Esquiros A., *Les Vierges folles,* Paris, A. Le Gallois, 1840, 128 p.
Frégier H. A., *Des classes dangereuses de la population dans les grandes villes, et des moyens de les rendre meilleures,* Paris, J.-B. Baillière, 1840, 2 vol., XII-436 p., 428 p.
Mercier Louis-Sébastien, *Tableau de Paris,* 12 vol., 1782-1788, notamment t. VII, p. 1 *sq*., t. VIII, p. 133 *sq*., t. XII, p. 16 *sq*.
Le Palais-Royal ou les Filles en bonne fortune, Paris, 1815.
Plaintes et révélations nouvellement adressées par les filles de joie de Paris à la Congrégation, Paris, Garnier, 1830, 38 p.
Potton Dr A., *De la prostitution et de la syphilis dans les grandes villes, dans la ville de Lyon en particulier,* Paris, J.-B. Baillière, 1842, XVI-292 p.
Rey J.-L., *Des prostituées et de la prostitution en général,* Le Mans, Julien, Lanier et Cie, 1847, 186 p.
Ryan M., *Prostitution in London with a Comparative View of that of Paris and New York,* Londres, H. Baillière, 1839, XX-448 p.
Sorr A. de, *Les Filles de Paris,* Paris, Comptoir des imprimeurs unis, 1848, 3 vol.
Véron L., *Mémoires d'un bourgeois de Paris,* Paris, G. de Gonet, 1853-1855, 6 vol.
Valleix Dr F., «*De la prostitution dans la ville de Paris* ..., par

Parent-Duchâtelet, examen critique», *Journal hebdomadaire des progrès des sciences et institutions médicales,* 1836, nos 41 et 44.

Villermé Dr L.-R., *Tableau de l'état physique et moral des ouvriers employés dans les manufactures de coton, de laine et de soie,* Paris, J. Renouard, 1840, 2 vol.

主としてもっと後の時代（1860-1914）に関係するすでにとりあげた『娼婦』という作品の外に，そしてまた18世紀のパリの娼婦にあてられたエリカ・マリー・ベナブーの卓越せる研究の完成を待ちながら〔これはつい最近出版された．Bénabou Érica-Marie, «*La prostitution et la police des moeurs au XVIIIe siècle*», Perrin 1987〕，性及び売春の歴史にあてられた近年の研究では，以下の著書中の一章または数章になんらかの手がかりが見つけられるだろう．

Bénabou Érica-Marie, «Amours vendues à Paris à la fin de l'Ancien Régime», *Aimer en France. 1760-1860,* Clermont-Ferrand, 1980, et

Michaud Stéphane, «La prostitution comme interrogation sur l'amour chez les socialistes romantiques (1830-1840)», *ibid.*

Bertier de Sauvigny Guillaume de, *Nouvelle Histoire de Paris. La Restauration 1815-1830,* Paris, 1977, 526 p. Cf. 2e partie, chap. VI : «Truands et prostituées», pp. 269-283.

Bullough Vern L. et Bonnie L., *The History of Prostitution,* New York, University Books, 1964, 304 p.

Burguière André, «Histoire et sexualité», *Annales ESC,* juill.-août 1974.

Chevalier L., *Classes laborieuses et classes dangereuses à Paris pendant la première moitié du XIXe siècle,* Paris, Plon, 1958, notamment les développements consacrés à Parent-Duchâtelet, pp. 29-31.

Cobb R., *La Protestation populaire en France, 1789-1820,* Paris, Calmann-Lévy, 1975, 322 p.

Depauw J., «Amour illégitime et société à Nantes au XVIIIe siècle», *Annales ESC,* juill.-octobre 1972, pp. 1155-1182.

Farge A., *Vivre dans la rue au XVIIIe siècle,* Paris, Julliard, 1979.

Flandrin J.-L., «Contraception, mariage et relations amoureuses dans l'Occident chrétien», *Annales ESC,* nov.-décembre 1969.
——, *Les Amours paysannes (XVI-XIXe siècle),* Paris, Julliard, 1975, 256 p.
Foucault M., *Histoire de la sexualité,* t. I : *La Volonté de savoir,* Paris, Gallimard, 1976, 212 p.
Frey M., «Du mariage et du concubinage dans les classes populaires à Paris (1846-1847)», *Annales ESC,* juill.-août 1978, p. 803-830.
Kaplow J., *Les Noms des rois. Les pauvres de Paris à la veille de la Révolution,* Paris, Maspero, 1974, 288 p.
Perrot J.-C., *Genèse d'une ville moderne : Caen au XVIIIe siècle,* Paris-La Haye, Mouton, 1975, p. 839 *sq*.
Servais J.-J. et Laurend J.-P., *Histoire et dossier de la prostitution,* Paris, Éd. Planète, 1967, 458 p.
Strumingher L., «Les canutes de Lyon (1835-1848)», *Le Mouvement social,* oct.-décembre 1978, pp. 59-85.

パラン＝デュシャトレの著書は，その驚くほどの豊かさにより，売春という領域を越え出てしまっている．その理解を容易にしてくれる作品を全部挙げることなど不可能な相談である．ここでは，視野を広げてくれる近年のいくつかの研究を指摘しておけば十分だろう．

経験社会学の誕生について

D'Angeville A., *Essai sur la statistique de la population française considérée sous quelques-uns de ses rapports physiques et moraux,* 1836 (en fait, 1837). Reprint avec une riche introduction d'Emmanuel Le Roy Ladurie, Paris-La Haye, Mouton, 1969.
Lazarsfeld P., «Toward a History of Empirical Sociology», *Mélanges F. Braudel,* Toulouse, Privat, 1973, t. II, pp. 289-303.
Lécuyer B.-P., «Démographie, statistique et hygiène publique sous la monarchie censitaire», *Annales de démographie historique,* 1977, pp. 215-245.
——, «Médecins et observateurs sociaux : les *Annales d'hygiène*

publique et de médecine légale (1820-1850)», *Pour une histoire de la statistique,* Paris, INSEE, 1977, t. I, pp. 445-477.

Lécuyer B. et Oberschall A. R., «The Early History of Social Research», *International Encyclopedia of the Social Sciences,* t. XV, pp. 36-53.

Perrot M., «Premières mesures des faits sociaux : les débuts de la statistique criminelle en France (1780-1830)», *Pour une histoire de la statistique,* Paris, INSEE, 1977, t. I, pp. 125-139.

——, *Enquêtes sur la condition ouvrière en France au XIXe siècle,* étude, bibliographie, index, Paris, Micro-éditions Hachette, 1972.

Pour une histoire de la statistique, Paris, INSEE, 1977, t. I, 590 p. 統計史の興味をはるかに越え出て，実に多くの貢献をし，これらを一つにまとめている主要な作品．同時にまた現代社会出発時における社会科学の進化発展に関する本でもある．

医学思想史は近年の数多くの研究の対象となってきた．このテーマについては，次の書に網羅的な参考文献が見出せるだろう．

Léonard J., *Les Médecins de l'Ouest au XIXe siècle,* Publications de Lille-III, 1979, 3 vol., CCXLVIII-1570 p.

その他，以下の書を参照．

Annales Économies Sociétés Civilisations, sept.-octobre 1977, numéro spécial, «Médecins, médecine et société en France aux XVIIIe et XIXe siècles».

Annales de Bretagne et des pays de l'Ouest, 1979, numéro 3 spécial, «La médicalisation en France du XVIIIe au début du XXe siècle».

Ackerknecht E. H., «Hygiène in France, 1815-1848», *Bulletin of the History of Medicine,* 1948, pp. 117-115.

——, «Anticontagionism between 1821 and 1867», *Bulletin of the History of Medicine,* 1948, pp. 562-593.

——, «La médecine à Paris de 1800 à 1850», Paris, *Les Conférences du Palais de la Découverte,* 1958.

Foucault M., *Naissance de la clinique,* Paris, PUF, 1963, 214 p.

La Berge (Ann, Elisabeth Fowler), *Public Health in France and the French Public Health Movement, 1815–1848,* The University of Tennessee, 1974, 452 p.
Léonard J., *La France médicale au XIXe siècle,* Paris, Julliard, 1978, 286 p.
Médecins, climats et épidémies à la fin du XVIIIe siècle, Paris-La Haye, Mouton, 1972.

19世紀における性病の脅威という概念については，

Corbin A., «L'hérédosyphilis ou l'impossible rédemption. Contribution à l'histoire de l'hérédité morbide», *Romantisme,* n° 31, pp. 131–149.

性病患者のおかれた状況について，

Cullerier M., *Notes historiques sur les hôpitaux établis à Paris pour traiter la maladie vénérienne,* Paris, an XI, 72 p.

制限選挙王政時に始まる衛生手引書には次のものがある．

D'Arcet J.-P., *Collection de mémoires relatifs à l'assainissement des ateliers, des édifices publics et des habitations particulières,* Paris, L. Mathias, 1843, t. I.
Fodéré F. E., *Traité de médecine légale et d'hygiène publique ou de police de santé...,* Paris, Mame, 1813, 6 vol.
Lévy M., *Traité d'hygiène publique et privée,* Paris, J.-B. Baillière, 1843 pp. 1–46 : historique.
Thouvenel Dr, *Éléments d'hygiène,* Paris, 1840.

パリの墓地については，

Ariès Ph., *L'Homme devant la mort,* Paris, Éd. du Seuil, 1977, 642 p.

制限選挙王政期を通じての行政及び治安に関する技術の歴史は，以下の作品で一新された．

Riberette P., «De la police de Napoléon à la police de la Congrégation», *L'État et sa police en France (1789-1914),* Genève, Droz, 1979, pp. 35-38.
Tudesq A.-J., «Police et État sous la monarchie de Juillet», *L'État et sa police en France (1789-1914),* Genève, Droz, 1979, p. 59-81.
Tulard J., *La Préfecture de police sous la monarchie de Juillet,* Paris, Imp. municipale, 1964, 180 p.
——, *Paris et son administration (1800-1830),* Paris, Imp. municipale, 1976, 572 p.

当時の証言やパンフレットには次のものがある．

Froment M., *La Police dévoilée depuis la Restauration et notamment sous MM. Franchet et Delavau,* Paris, Lemonnier, 1829, 3 vol.
Raisson H., *Histoire de la police de Paris,* Paris, Levasseur, 1844, 404 p.

現代の監獄の誕生が次の二著の対象だった．前者は今後古典になるものだし，後者はそうなるべく運命づけられているだろう．

Foucault M., *Surveiller et punir. Naissance de la prison,* Paris, Gallimard, 1975, 324 p.
——, *L'Impossible Prison. Recherches sur le système pénitentiaire au XIXe siècle,* réunies par Michelle Perrot, Paris, Éd. du Seuil, 1980.

19世紀初頭の女性のナチュラリスムと女性の労働については，特に次の書を参照．

Borie J., *Le Tyran timide. Le naturalisme de la femme au XIXe siècle,* Paris, Klincksieck, 1973, 162 p.
Knibiehler Y., «Les médecins et la nature féminine au temps du Code civil», *Annales ESC,* juill.-août 1976, pp. 824-845.
——, «Le discours médical sur la femme : constances et ruptures», *Mythes et représentations de la femme au XIXe siècle,* Paris, Champion, 1976, p. 41 *sq.*

Legouvé E., *Histoire morale des femmes,* Paris, G. Sandré, 1849, VII-450 p.
Misérable et glorieuse, la femme du XIXe siècle, études présentées par Jean-Paul Aron, Paris, Fayard, 1980.
Perrot M. (sous la direction de), «Travaux de femmes dans la France du XIXe siècle», *Le Mouvement social,* numéro spécial, oct.-décembre 1978.

ここではとうていとり上げてはいられない**数多くの小説作品**——だが，バルザックの『浮かれ女盛衰記』（Balzac, *Splendeurs et misères des courtisanes*）とウージェーヌ・シューの『パリの秘密』（Eugène Sue, *Mystères de Paris*）は例外として記しておくが——も忘れてはならない．

本書は1992年4月30日、法政大学出版局より
「りぶらりあ選書」として刊行された。

十九世紀パリの売春

1992年4月30日　初　版第1刷発行
2019年5月16日　新装版第1刷発行

アレクサンドル・パラン＝デュシャトレ 著
アラン・コルバン 編
小杉隆芳 訳

発行所　一般財団法人 法政大学出版局
〒102-0071 東京都千代田区富士見2-17-1
電話 03（5214）5540　振替 00160-6-95814

印刷 平文社　　製本 誠製本

ISBN978-4-588-36418-1　　Printed in Japan

著　者

アレクサンドル・パラン＝デュシャトレ

(Alexandre Parent-Duchâtelet)

1790-1836 年。フランスの医学博士。公衆衛生学の基礎となる多様な調査を行った。パリの下水道や屎尿処理場、便所、屠畜場、娼館、監獄といったアンダーグラウンドを統計的にだけでなく、実地に徹底的に観察した。「都市の排泄機能についての学者」を自称した。

編　者

アラン・コルバン（Alain Corbin）

1936 年生。フランスの歴史学者。アナール学派。1987 年よりパリ第一大学教授として 19 世紀史の講座を担当。『娼婦』『快楽の歴史』など多数の著書が邦訳されている。

訳　者

小杉隆芳（こすぎ　たかよし）

1967 年静岡大学文理学部卒業。1974 年東京都立大学大学院博士課程単位取得退学。豊橋技術科学大学名誉教授。おもな訳書に S. シャルレティ『サン＝シモン主義の歴史』（共訳）、F. トリスタン『ロンドン散策』（共訳）、同『ペルー旅行記』（いずれも法政大学出版局）などがある。